Nordrhein-Westfalen

Zentralabitur Deutsch 2024

Leistungskurs

Arbeitsheft

Texte, Themen und Strukturen

Deutschbuch für die Oberstufe

Herausgegeben von
Andrea Wagener

Erarbeitet von
Christoph Fischer
Kristina Krieger-Laude
Thomas Mayerhofer
Frank Schneider

Inhalt

1 Georg Büchner: „Woyzeck" — 3
- 1.1 Vor der Lektüre — 3
- 1.2 Inhaltssicherung — 4
- 1.3 Der offene Handlungsaufbau – Dramenformen untersuchen — 5
- 1.4 Die Figuren — 6
- 1.5 Thematische Aspekte — 12
- 1.6 Sprachgestaltung und Form — 17
- 1.7 Eine Inszenierung als Deutungsmöglichkeit untersuchen — 19
- 1.8 Zur Gattung und zur epochalen Einordnung des Dramenfragments — 20
- 1.9 Büchners „Woyzeck" und Goethes „Faust" – Die Gestaltung literarischer Figuren vergleichen — 23
- 1.10 Klausurtraining: Einen Sachtext mit Bezug auf einen literarischen Text erörtern (Aufgabenart III B) — 25

2 Arno Geiger: „Unter der Drachenwand" — 30
- 2.1 Vor und während der Lektüre — 30
- 2.2 Die Handlung — 32
- 2.3 Die Figuren — 33
- 2.4 Der Ort der Handlung — 42
- 2.5 Historische Bezüge — 45
- 2.6 Thematische Aspekte — 48
- 2.7 Erzählweise, Sprache und Stil — 51
- 2.8 Romanvergleich: „Effi Briest" und „Unter der Drachenwand" — 55
- 2.9 Klausurtraining: Einen Erzähltext interpretieren (Aufgabenart I A) — 57

3 „unterwegs sein" – Lyrik vom Barock bis zur Gegenwart — 61
- 3.1 Annäherung an ein Thema der Lyrik — 61
- 3.2 Leben und Vergehen – „Unterwegssein" in der Lyrik des Barock — 64
- 3.3 Veränderung und Beständigkeit – Von der Aufklärung zur Weimarer Klassik — 67
- 3.4 Weltflucht und Heimkehr – Von der Romantik zum Realismus — 72
- 3.5 Eine Welt im Umbruch – Lyrik der Moderne und des Expressionismus — 76
- 3.6 Brüchigkeit der Heimat – Lyrik des 20. und 21. Jahrhunderts — 80
- 3.7 Selbstreflexion als Reise – Lyrik des 21. Jahrhunderts — 86
- 3.8 Klausurtraining: Ein Gedicht interpretieren und mit einem anderen Gedicht vergleichen (Aufgabenart I B) — 89

4 Politisch-gesellschaftliche Kommunikation — 93
- 4.1 Verschiedene Ebenen politisch-gesellschaftlicher Kommunikation — 93
- 4.2 Gesellschaftliche Debatten in sozialen Medien — 94
- 4.3 Die Stimme des Einzelnen: Politik-Vlogger — 96
- 4.4 Politische Kommunikation als Inszenierung — 97
- 4.5 Politisch-gesellschaftliche Kommunikation in sozialen Medien — 99
- 4.6 Politisch-gesellschaftliche Kommunikation in den Massenmedien — 101
- 4.7 Analyse einer politischen Rede — 103
- 4.8 Klausurtraining: Materialgestütztes Verfassen argumentierender Texte (Aufgabenart IV) — 106

Quellenverzeichnisse/Impressum — 111

1 Georg Büchner: „Woyzeck"

1.1 Vor der Lektüre

1   a   Untersuchen Sie das Cover der Graphic Novel zum Dramenfragment „Woyzeck" von Georg Büchner.
   b   Entwerfen Sie auf dieser Grundlage eine kurze mögliche Handlungsübersicht.

   c   Vergleichen Sie Ihre Ergebnisse mit denen Ihrer Mitschülerinnen und Mitschüler hinsichtlich Gemeinsamkeiten und Unterschieden.

2   a   Lesen Sie die Szene „Freies Feld. Die Stadt in der Ferne". Notieren Sie den Eindruck, den der Protagonist Woyzeck auf Sie macht. In welcher Verfassung befindet er sich?

   b   Untersuchen Sie die Szene im Hinblick auf Vorausdeutungen auf den weiteren Handlungsverlauf des Dramas. Ergänzen Sie hierzu die Tabelle in Ihrem Kursheft.

Textstelle	Vorausdeutung
1 „da rollt abends der Kopf"	Vorahnung eines unheimlichen Ereignisses oder eines Todesfalls
2 …	

3 Beschreiben Sie unter Einbeziehung Ihrer Überlegungen zum Cover der Graphic Novel und Ihrer Ergebnisse aus Aufgabe 2b, wie sich die Handlung entwickeln könnte. Tauschen Sie sich in Ihrem Kurs darüber aus, inwieweit sich Parallelen in den verschiedenen möglichen Handlungsverläufen erkennen lassen.

1 GEORG BÜCHNER: „WOYZECK"

1.2 Inhaltssicherung

1 Ordnen Sie die folgenden Zitate entsprechend dem in Ihrer Ausgabe des Dramenfragments abgebildeten Handlungsverlauf (A–F) und geben Sie die Szenen und die Figuren an. Notieren Sie außerdem, von welcher Figur die Zitate jeweils stammen.

Textstelle: _____

Ich bin doch ein schlecht Mensch. Ich könnt mich erstechen. – Ach! Was Welt? Geht doch alles zum Teufel, Mann und Weib.

Textstelle: _____

Hä? über die langen Bärte? Wie is Woyzeck, hat Er noch nicht ein Haar aus eim Bart in seiner Schüssel gefunden? He, Er versteht mich doch, ein Haar von einem Menschen, vom Bart eines Sapeur, eines Unteroffizier, eines – eines Tambourmajor? He Woyzeck? Aber er hat eine brave Frau. Geht Ihm nicht wie andern.

Textstelle: _____

Woyzeck, Er hat die schönste aberratio mentalis partialis, die zweite Spezies, sehr schön ausgeprägt. Woyzeck, Er kriegt Zulage. Zweite Spezies, fixe Idee, mit allgemein vernünftigem Zustand, Er tut noch alles wie sonst, rasiert sein Hauptmann?

Textstelle: _____

Immer zu, immer zu.

Textstelle: _____

Nimm das und das! Kannst du nicht sterben? So! so! Ha, sie zuckt noch, noch nicht, noch nicht? Immer noch?

A

Textstelle: *„Die Stadt", Marie*

Er steht auf seinen Füßen wie ein Löw.

„Woyzeck", Deutsches Theater Berlin, 2014 (Regie: Leander Haußmann)
Foto: Barbara Braun

2 Ordnen Sie die Zitate aus Aufgabe 1 in den Gang der Handlung ein.

A) Als Marie den Tambourmajor zum ersten Mal auf der Straße

B)

3 Erläutern Sie in Ihrem Kursheft, inwiefern im Dramenfragment „Woyzeck" zwei parallel verlaufende Handlungsstränge vorhanden sind.

1.3 Der offene Handlungsaufbau – Dramenformen untersuchen

> **Info** **Woyzeck – Ein Dramenfragment**
>
> Das Dramenfragment „Woyzeck" von Georg Büchner, das um das Jahr 1836 entstand, wurde in skizzenhafter und ungeordneter Form hinterlassen. Das Werk wurde erstmals 1879 von Karl Emil Franzos in einer stark überarbeiteten und veränderten Fassung unter dem Titel „Wozzeck" herausgegeben. Franzos hatte große Schwierigkeiten bei der Entzifferung von Büchners Handschrift, sodass ihm im gesamten Text Lesefehler unterliefen. So kam es, dass er Inhalte ausließ oder hinzudichtete. Hinsichtlich Anordnung und Aufbau orientierte sich Franzos am ästhetischen Standard des 19. Jahrhunderts, der sich an die klassische Dramenpoetik des Aristoteles anlehnte. Ob der von Franzos gestaltete Aufbau des Dramenfragments tatsächlich der Intention Büchners entspricht, bleibt ungewiss.

1
a Ordnen Sie die einzelnen Szenen des Dramenfragments (▶ Information) in einer veränderten Reihenfolge. Welche Szene würde anstelle der in Ihrer Ausgabe des Stücks festgelegten Szene an den Anfang passen? Welche Szene würde gegen Ende Sinn ergeben? Skizzieren Sie Ihre neue Anordnung der Szenen und notieren Sie den Handlungsverlauf stichpunktartig im Kursheft.
b Vergleichen Sie Ihre Ergebnisse im Kurs. Weichen Ihre jeweiligen Anordnungen voneinander ab oder stimmen Sie größtenteils überein?
c Diskutieren Sie, inwiefern die Vertauschung der Szenen auf die Interpretation des Stücks Einfluss nimmt. Notieren Sie die Diskussionsergebnisse im Kursheft.

> **Info** **Die geschlossene und die offene Dramenform**
>
> Der griechische Philosoph Aristoteles (384–322 v. Chr.) fordert für das Drama die **Einheit von Ort, Zeit und Handlung**. Demnach darf es weder Ortswechsel noch Zeitsprünge geben. Zudem soll die Handlung eine klare Folge von Anfang, Mitte und Ende haben, damit die Illusion einer nachvollziehbaren Handlungssituation auf der Bühne gewährleistet wird. Hinsichtlich des Dramenaufbaus hat der Literaturwissenschaftler Gustav Freytag (1816–1895) von einem pyramidalen Aufbau gesprochen (▶ Schaubild). Ein Drama, das solche geradlinig verlaufenden Handlungssituationen ohne Ortswechsel und Zeitsprünge darstellt, nennt man **geschlossenes Drama**. Mit der Aufwertung des Individuums seit der Renaissance verlagert sich das Interesse der Dramatiker und ihres Publikums von der Handlung auf die **Charaktere**. Man will auf der Bühne miterleben, was die Figuren an verschiedenen Orten und zu verschiedenen Zeiten erleben. Dadurch wird mit der aristotelischen Forderung der Einheit von Ort und Zeit gebrochen. Außerdem zeichnen sich diese neuen Dramen durch eine größere Anzahl von Figuren aus, die unterschiedliche Sprachstile haben. Die einzelnen Akte sind dabei nicht länger logisch miteinander verknüpft, sondern stehen oftmals fragmentarisch für sich. Ein solches Drama, das das Geschehen in Ausschnitten zeigt, nennt man **offenes Drama**.
>
>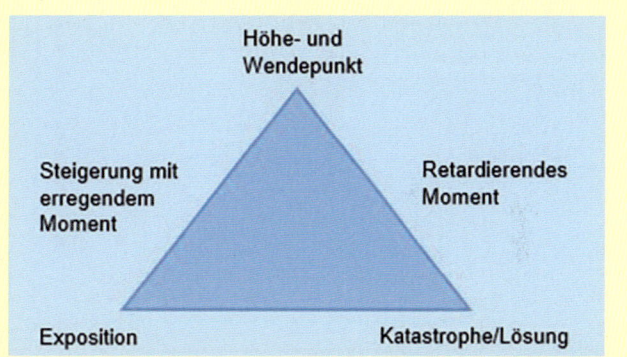

2 Bestimmen Sie anhand der einzelnen Aspekte, ob das Dramenfragment „Woyzeck" der offenen oder der geschlossenen Dramenform zugeordnet werden kann (▶ Info). Übernehmen Sie die Tabelle in Ihr Kursheft.

Aspekt	offenes Drama	geschlossenes Drama	Begründung
Aufbau	x	x	*einerseits …, andererseits ….*
Zeitgestaltung			
Ortswechsel			
Figurengestaltung			
Sprachgestaltung	x		*unterschiedliche Sprachstile: …*

1.4 Die Figuren

Wer gehört wohin? – Die Figurenkonstellation klären

1. Untersuchen Sie die Figurenkonstellation im Dramenfragment „Woyzeck" mit Hilfe des folgenden Schaubildes.
   a Ergänzen Sie das Schaubild, indem Sie die Figuren in die nachfolgende Figurenübersicht einordnen: Wer steht höher in der sozialen oder militärischen Hierarchie, wer steht auf einer niedrigeren Stufe?
   b Verdeutlichen Sie durch Pfeile, in welchem Verhältnis die Figuren zu Woyzeck stehen. Ergänzen Sie die Pfeile durch Anmerkungen oder Symbole.
   c Vergleichen Sie Ihre Ergebnisse mit denen Ihrer Mitschülerinnen und Mitschüler. Gehen Sie dabei besonders auf die Stellung der Figuren innerhalb der sozialen oder militärischen Hierarchie ein.

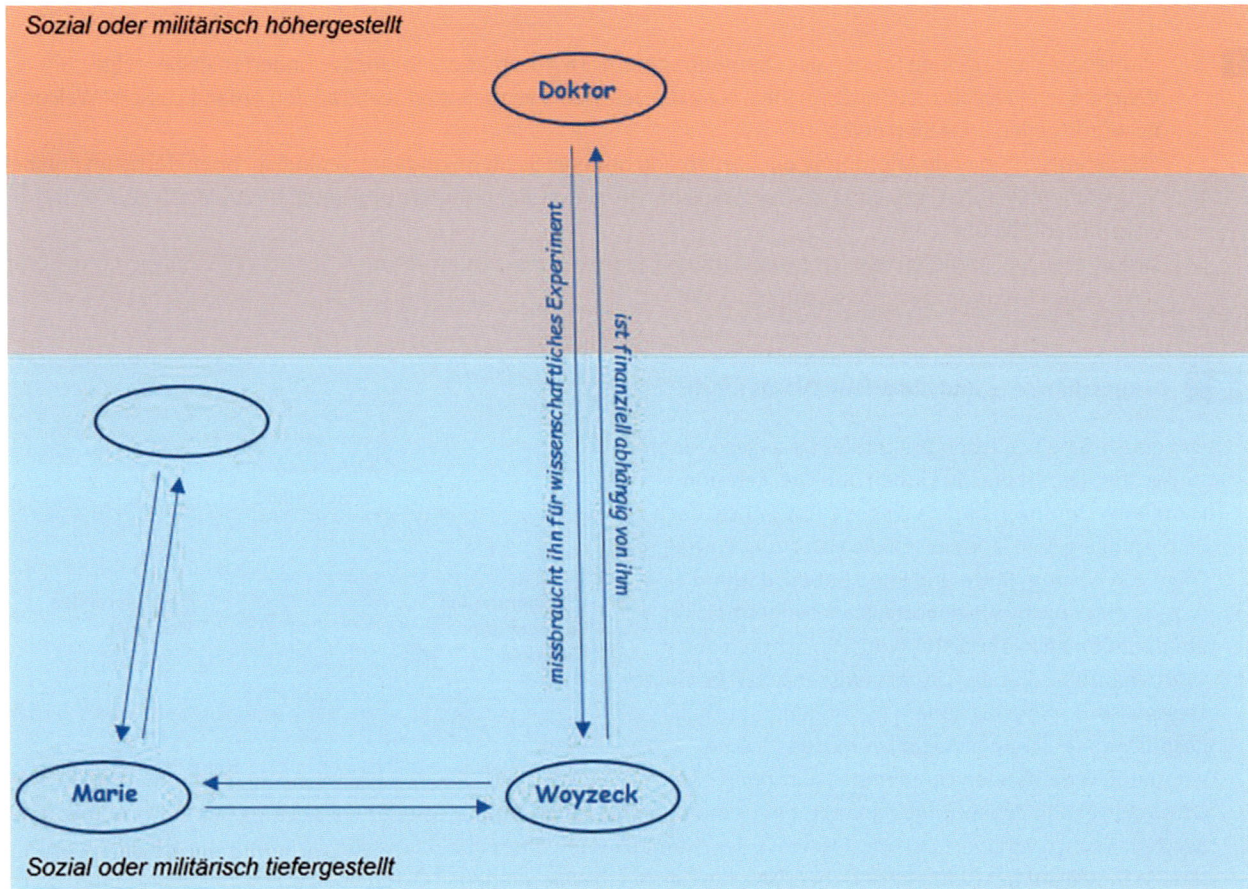

2. Führen Sie auf der Grundlage Ihrer Ergebnisse aus Aufgabe 1 aus, wodurch Woyzecks Verhalten gegenüber den anderen Figuren geprägt wird. Wählen Sie hierzu passende Verben aus dem Wortspeicher aus. Schreiben Sie in Ihr Kursheft.

demütigen • akzeptieren • verachten • missbrauchen • betrügen • helfen • unterliegen • beherrschen • rächen • schikanieren • anerkennen • unterstützen • vertrauen • bloßstellen • achten • helfen • erniedrigen • ernstnehmen

Franz Woyzeck: Ein Antiheld? – Den Protagonisten charakterisieren

1 Bereiten Sie arbeitsteilig in Gruppen eine Charakterisierung Woyzecks vor. Übernehmen Sie dazu die Tabelle in Ihr Kursheft. Finden Sie Textbelege für die einzelnen Aspekte, leiten Sie Woyzecks Eigenschaften daraus ab und überlegen Sie, welche Auswirkungen diese Eigenschaften haben.

Aspekt	Textbeleg	Eigenschaften	Auswirkungen
Private Situation	„Er hat ein Kind, ohne den Segen der Kirche […]" (Szene „Der Hauptmann. Woyzeck")	lebt unverheiratet mit einer Frau zusammen und hat ein uneheliches Kind mit ihr	beides gilt als anstößig, macht ihn zum sozialen Außenseiter
Soziale Situation	„[…] wenn ich ein Herr wär […]. Aber ich bin ein armer Kerl." (Szene …)	…	
Verhalten	…	…	
Sprache	…	…	
Ängste und Nöte	…	…	
Hoffnungen	…	…	
Weiteres	…	…	

2 Lesen Sie arbeitsteilig in Gruppen die folgenden Szenen: „Freies Feld. Die Stadt in der Ferne" – „Beim Doktor" – „Die Wachtstube" – „Freies Feld" – „Nacht" – „Kramladen" – „Kaserne" – „Abend. Die Stadt in der Ferne".
Bearbeiten Sie anschließend folgende Aufgaben in Ihrem Kursheft:
  a Notieren Sie in Stichworten und mit Textbelegen, in welcher Form sich Woyzecks psychische Störung zeigt.
  b Beschreiben Sie, wie die Figuren Andres, Marie und der Doktor in den Szenen jeweils auf Woyzeck reagieren.

3 Halten Sie in einer Entwicklungskurve die wesentlichen Schritte fest, die zur Ermordung Maries führen. Beziehen Sie dabei Woyzecks psychischen Zustand in Ihre Überlegungen ein.

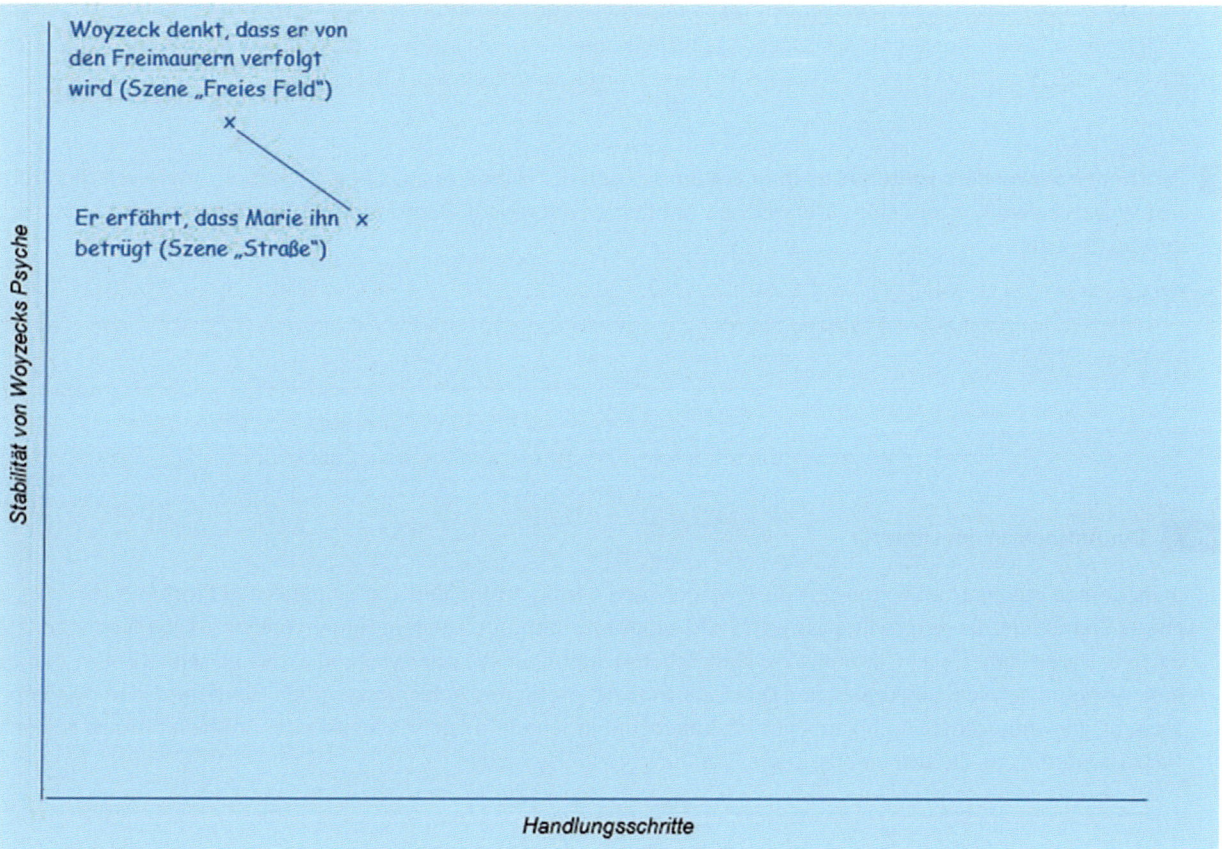

4 Erläutern Sie anhand der nebenstehenden Informationen, welche Auswirkungen das Erbsenexperiment des Doktors auf Woyzecks Geisteszustand hat.

> Viele **Hülsenfrüchte** enthalten sogenannte nicht proteinogene Aminosäuren[1]. Das sind – wenn man so will – „gefälschte Aminosäuren". Sie können vom Körper nicht zur Bildung von Eiweiß genutzt werden. In diesem Falle wirken sie als typische Nervengifte. [...] Problematisch ist in Gartenerbsen vor allem ein Stoff namens BIA [...]. Daraus bildet sich im Körper ein Stoff namens BOAA, und der verursacht schwere Nervenschäden. [...] Die Muskeln versagen dann ihren Dienst, auch Störungen der Blasenfunktion sind ein typisches Symptom [...]. Und woher kommen die Halluzinationen? Von einem Stoff namens DOPA. Auch der ist in Erbsen reichlich enthalten. Es geht hier wohlgemerkt nicht um die Verzehrgewohnheiten von Erbsenliebhabern – es geht um toxische[2] Effekte, die auftreten können, wenn die Erbsen nicht mehr Beilage zum Fleisch oder Zutat im Eintopf sind, sondern ganz bewusst in großer Menge anstelle von Fleisch gegessen werden.
>
> 1 **Aminosäure:** Bestandteil von Protein (Eiweiß)
> 2 **toxisch:** giftig

5 Tauschen Sie sich in Ihrem Kurs über Ihre Ergebnisse zu den Aufgaben 2, 3 und 4 aus.
Formulieren Sie anschließend in Ihrem Kursheft einen Text, der die Entwicklung des psychischen Gesundheitszustands Woyzecks sowie die daraus resultierenden Folgen für den Handlungsverlauf zusammenfasst. Denken Sie daran, Ihre Behauptungen am Text zu belegen. Sie können den unten stehenden Wortspeicher und die folgenden Formulierungshilfen nutzen:
Woyzeck fühlt sich bereits zu Beginn der Handlung von ... (vgl. Szene „Freies Feld. Die Stadt in der Ferne").
Er erfährt, dass ...
Während der weiteren Handlung nimmt sein Wahnsinn ... Schließlich entwickelt er Mordfantasien gegenüber ...
Zusammenfassend kann man festhalten, dass Woyzecks Wahnsinn im Verlauf des Dramas ...

> Experiment des Doktors • reagieren abweisend • Stimmen im Kopf • Befehl zum Mord • ignorieren Warnsignale • Maries Lügen • Halluzinationen • innere Unruhe • körperliche Anspannung • Eifersucht • zunehmend verwirrt • Mordfantasien • Mord

6 Begründen Sie vor dem Hintergrund Ihrer Ergebnisse und der Hinweise aus der Information, inwieweit der Protagonist Woyzeck dem Konzept eines literarischen Antihelden entspricht. Begründen Sie Ihre Meinung mit entsprechenden Textbelegen.

Info **Der Antiheld in der Literatur**

> In modernen literarischen Texten sind die Protagonisten häufig **Antihelden**. Das sind meist gebrochene, verunsicherte Charaktere, die resignativ, passiv und oft fremdbestimmt durch andere Figuren oder ihre Lebensumstände agieren. Damit stehen sie im Kontrast zur klassischen Heldenfigur, die überwiegend aktiv und selbstbestimmt handelt. Während der Held des klassischen Dramas sich meist mutig und entschlossen allen Hindernissen und Schicksalsschlägen entgegenstellt und am Ende oft ungebeugt in seinen Tod geht, scheitert der Antiheld oftmals an den Herausforderungen, die sich innerhalb des Handlungsverlaufs ergeben.

Marie: „Ein schlecht Mensch"? – Motive und Absichten einer Figur erschließen

1 Lesen Sie die Szenen „Die Stadt" – „Buden. Lichter. Volk" – „Kammer" – „Wirtshaus" – „Wirtshaus (Tambourmajor. Woyzeck. Leute)". Charakterisieren Sie arbeitsteilig die Figur Marie, indem Sie
- ihre äußeren Umstände beschreiben,
- ihre Wünsche notieren,
- ihr Selbstbild untersuchen,
- ihr Verhältnis zu Woyzeck und zum Tambourmajor deuten.

Stellen Sie sich anschließend Ihre Ergebnisse gegenseitig vor und halten Sie sie in Form eines Clusters in Ihrem Kursheft fest. Führen Sie Textbelege an.

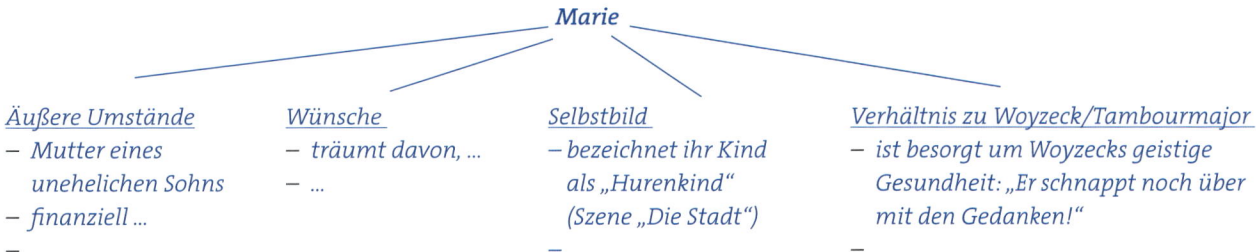

Äußere Umstände	Wünsche	Selbstbild	Verhältnis zu Woyzeck/Tambourmajor
– Mutter eines unehelichen Sohns	– träumt davon, …	– bezeichnet ihr Kind als „Hurenkind" (Szene „Die Stadt")	– ist besorgt um Woyzecks geistige Gesundheit: „Er schnappt noch über mit den Gedanken!"
– finanziell …	– …	– …	– …
– …			

2 a Ordnen Sie Szene „Kammer (Marie. Der Narr)" knapp in den Handlungsverlauf ein. Beschreiben Sie in Ihrem Kursheft mit Textbelegen, welche Sorgen Marie in dieser Szene hat. Erörtern Sie anschließend, inwiefern sie die Fähigkeit besitzt, ihre Handlungen und ihr Verhalten zu reflektieren.
In dieser Szene blättert Marie in der Bibel und …. Zuvor hat sie sich im Wirtshaus … Dabei hat sie Woyzeck …

b Begründen Sie in Ihrem Kursheft, inwiefern Marie als ein „schlecht Mensch" bezeichnet werden kann.

3 Fertigen Sie in Ihrem Kursheft eine Rollenbiografie zur Figur Marie an (▶ Information). Beziehen Sie dabei Ihre Ergebnisse aus den Aufgaben 2 und 3 ein. Beginnen Sie so:
Ich bin die Marie, ein arm Weibsbild. Ich hab nix, bis auf einen kleinen Bub. Woyzeck ist eigentlich …, aber …

> **Info** **Eine Rollenbiografie schreiben**
>
> In einer Rollenbiografie stellt sich eine literarische Figur **aus der eigenen Sichtweise**, also in der **Ich-Form**, vor. Dabei benennt sie wesentliche Informationen wie Personalien (Alter, Lebensverhältnisse, Beruf etc.) und persönliche Eigenschaften und Ansichten. Ihr Verhältnis zu anderen Figuren ist ein fester Bestandteil einer Rollenbiografie. Die Sprache der Rollenbiografie steht **im Einklang mit der Sprache der Figur**. Ist eine Figur beispielsweise wenig gebildet, wird sie sich auch so ausdrücken. Die Rollenbiografie wird im **Präsens** verfasst.

4 Beurteilen Sie in Ihrem Kursheft, welche Funktion die Figur Marie im Hinblick auf Büchners Gesellschaftskritik hat. Beziehen Sie die Lebensbedingungen der unteren Gesellschaftsschichten zu dieser Zeit in Ihre Überlegungen ein (▶ Information). Wählen Sie passende Wortbausteine aus.

> typische Vertreterin der unteren Gesellschaftsschicht • erweckt Sympathien • wirkt unsympathisch • veranschaulicht Armut und Not der unteren Schichten • wirkt aufgrund ihrer Schwächen menschlich • verdeutlicht den begrenzten Horizont der unteren Schichten

> **Info** **Pauperismus**
>
> Der Begriff **Pauperismus** bezeichnet das Phänomen der **Massenarmut**, die vor allem im 19. Jahrhundert große Teile der Bevölkerung in ganz Europa verelenden ließ. Trotz anstrengender Arbeit hatten diese Bevölkerungsgruppen gerade das Nötigste zum Überleben und konnten sich nicht mehr aus eigener Kraft aus ihrer Armut befreien. Die Massenarmut war eine Begleiterscheinung des Übergangs von der Agrar- zur Industriegesellschaft im 19. Jahrhundert. Als Gründe wurden je nach politischer Position die Umstellung von der Handarbeit auf maschinelle Fabrikarbeit, die Ausbeutung der Arbeiter durch die Fabrikbesitzer, eine zu geringe Produktivität oder ein zu starkes Bevölkerungswachstum in den unteren Gesellschaftsschichten genannt.

Der Doktor und der Hauptmann – Figurengestaltungen erschließen

Der Hauptmann: „Moral, das ist, wenn man moralisch ist."

1 „Moral, das ist, wenn man moralisch ist." Erklären Sie den Aussagegehalt des Zitats. Was verrät es über den Sprecher?

_____

2 a Lesen Sie die Szene „Der Hauptmann. Woyzeck" und untersuchen Sie das Gespräch zwischen dem Hauptmann und Woyzeck.
Markieren Sie Textstellen, ...
- an denen deutlich wird, wie der Hauptmann Woyzeck behandelt,
- die Informationen über das Moral- und Tugendverständnis des Hauptmanns enthalten,
- an denen der inhaltslose Sprachgebrauch des Hauptmanns deutlich wird.

b Erklären Sie den Inhalt der nachfolgenden Aussage und beurteilen Sie, inwiefern der Hauptmann damit den von ihm selbst formulierten Moral- und Tugendgrundsätzen gerecht wird:
„Wenn ich am Fenster lieg, wenn's geregnet hat, und den weißen Strümpfen so nachsehe, wie sie über die Gassen springen – verdammt, Woyzeck, da kommt mir die Liebe!" (Szene „Der Hauptmann. Woyzeck")

Obwohl der Hauptmann ständig von Moral und Tugend spricht, _____

_____

c Charakterisieren Sie in Ihrem Kursheft auf der Grundlage Ihrer Markierungen und Ergebnisse den Hauptmann in der vorliegenden Szene. Führen Sie Textbelege an.

3 „Während Woyzeck zu Beginn des Gesprächs dem Hauptmann unterlegen ist, entwaffnet er diesen im weiteren Verlauf des Gesprächs mit seinen reflektierten Aussagen." – Nehmen Sie in Ihrem Kursheft Stellung zu der These, dass Woyzeck den Hauptmann mit seinen Aussagen „entwaffnet". Führen Sie die entsprechenden Textstellen an.
Woyzeck tritt den Vorwürfen des Hauptmanns im weiteren Verlauf des Gesprächs mit einfachen, aber ehrlichen Worten entgegen, z. B. „,..." Dabei äußert er sich verständlich über ... An der Reaktion des Hauptmanns erkennt man, dass ...

Der Doktor: „Der Mensch ist frei."

1 a Lesen Sie den nebenstehenden Ausschnitt aus der Graphic Novel „Woyzeck" und ordnen Sie ihn der passenden Szene des Dramenfragments zu.

Szene: _____

b Beschreiben Sie in Ihrem Kursheft, welchen Eindruck der Doktor in der Graphic Novel auf Sie macht. Inwiefern weicht sein Auftreten von Ihren Erwartungen an einen Arzt ab?

1.4 DIE FIGUREN 11

2 a Lesen Sie die Szenen „Beim Doktor" und „Der Hof des Doktors". Markieren Sie Textstellen zu den folgenden Aspekten:
- Wie behandelt der Doktor Woyzeck?
- Welches Interesse hat der Doktor an Woyzeck und welche Konsequenzen ergeben sich daraus für Woyzeck?
- Welches Menschenbild vertritt der Doktor?

b Fertigen Sie in Ihrem Kursheft eine Mindmap zum Doktor an, in der Sie wesentliche Aspekte festhalten.

Interesse an Woyzeck:
„Er ist ein interessanter Kasus."
→ nutzt Woyzeck aus für ...

Menschenbild:
„Der Mensch ist frei."
→ glaubt an ...

Doktor

...   ...

3 a Kreuzen Sie mit Hilfe der Hinweise aus der Information an, was der Doktor mit dem Experiment an Woyzeck nachweisen möchte.
Der Doktor ist ein Anhänger der Überzeugung, ...

☐ **A** dass auch Körperfunktionen mit Hilfe des freien Willens kontrolliert werden können.

☐ **B** dass der Mensch nicht in der Lage ist, Körperfunktionen mit Hilfe des freien Willens zu kontrollieren.

☐ **C** dass arme Menschen wie Woyzeck keinen freien Willen haben.

b Belegen Sie Ihre Auswahl mit einem entsprechenden Textzitat. Notieren Sie im Kursheft.

c Beschreiben Sie in Ihrem Kursheft die Reaktion des Doktors, als dieser mitbekommt, dass Woyzeck an die Wand „gepisst" hat.

d „Aber Herr Doktor, wenn einem die Natur kommt." (Szene „Beim Doktor") Erklären Sie, wie diese Aussage Woyzecks zu verstehen ist. Beziehen Sie die Hinweise aus der Information in Ihre Überlegung ein. Notieren Sie in Ihrem Kursheft.
Woyzeck widerspricht damit der Auffassung des Doktors, dass der Mensch aufgrund seines freien Willens ...

4 a Nehmen Sie in Ihrem Kursheft Stellung zu folgender These: „Der Doktor ist so von wissenschaftlichen Fakten und Theorie besessen, dass ihn das vollständig entmenschlicht, ihm fehlt jedes menschliche Gefühl. Er ist eine Karikatur vom Typus jener Wissenschaftler oder Gelehrten, die Daten für wichtiger halten als Menschen."

b Notieren Sie in Ihrem Kursheft zwei Textstellen, die die Unmenschlichkeit und die Karikaturhaftigkeit des Doktors belegen.
Die Textstelle „Woyzeck, Er hat die schönste aberratio mentalis partialis ..." verdeutlicht die Unmenschlichkeit des Doktors, da ... In ihrer überspitzten Formulierung ...

5 Beurteilen Sie in Ihrem Kursheft, inwiefern der Doktor durch sein Verhalten gegenüber Woyzeck den Ausgang des Dramenfragments mitbestimmt und in welchem Maße ihm Schuld zugesprochen werden kann.

Info Materialismus und Determinismus

Der **Materialismus** geht davon aus, dass alle Phänomene und Vorgänge in der Welt nur auf Materie und deren Gesetzmäßigkeiten zurückgeführt werden können. Auch alle Gedanken, Gefühle und Bedürfnisse des Menschen sind dieser Auffassung zufolge an materielle Bedingungen geknüpft. Menschliche Handlungen sind demnach allein auf materielle Gegebenheiten und biologisch-chemische Prozesse zurückzuführen, die sich naturwissenschaftlich nachweisen lassen. Ein **freier Wille** oder eine **Seele** existieren im Materialismus nicht.
Der **Determinismus** behauptet, dass alle Ereignisse eindeutig festgelegt sind, z. B. durch göttliche Lenkung oder aufgrund physikalischer Gegebenheiten und Gesetzmäßigkeiten. Auch menschliche Handlungen sind demzufolge nicht das Ergebnis freier Entscheidungen, sondern vorherbestimmt. **Freiheit** oder einen **freien Willen** gibt es dieser Auffassung zufolge nicht.

1.5 Thematische Aspekte

Macht durch Erniedrigung – Eine Dramenszene interpretieren

Georg Büchner: **Woyzeck – Straße**

Hauptmann. Doktor
Hauptmann keucht die Straße herunter, hält an, keucht, sieht sich um.

Hauptmann: Herr Doktor, die Pferde machen mir ganz Angst; wenn ich denke, dass die armen Bestien zu Fuß gehn müssen. Rennen Sie nicht so. Rudern Sie mit Ihrem Stock nicht so in der Luft. Sie hetzen sich ja hinter dem Tod drein. Ein guter Mensch, der sein gutes Gewissen hat, geht nicht so schnell. Ein guter Mensch. (*Er erwischt den Doktor am Rock.*) Herr Doktor, erlauben Sie, dass ich ein Menschenleben rette, Sie schießen ...
Herr Doktor, ich bin so schwermütig, ich habe so was Schwärmerisches; ich muss immer weinen, wenn ich meinen Rock an der Wand hängen sehen, da hängt er.

Doktor: Hm! aufgedunsen, fett, dicker Hals: apoplektische Konstitution. Ja, Herr Hauptmann, Sie können eine apoplexia cerebralis kriegen, Sie können sie aber vielleicht auch nur auf der einen Seite bekommen, und dann auf der einen gelähmt sein, oder aber Sie können im besten Fall geistig gelähmt werden und nur fortvegetieren, das sind so ohngefähr Ihre Aussichten auf die nächsten vier Wochen. Übrigens kann ich Sie versichern, dass Sie einen von den interessanten Fällen abgeben, und wenn Gott will, dass Ihre Zunge zum Teil gelähmt wird, so machen wir die unsterblichsten Experimente.

Hauptmann: Herr Doktor, erschrecken Sie mich nicht, es sind schon Leute am Schreck gestorben, am bloßen hellen Schreck. – Ich seh schon die Leute mit den Zitronen in den Händen, aber sie werden sagen, er war ein guter Mensch, ein guter Mensch – Teufel Sargnagel.

Doktor *hält ihm den Hut hin*: Was ist das, Herr Hauptmann? Das ist Hohlkopf!

Hauptmann *macht eine Falte*: Was ist das, Herr Doktor? – Das ist Einfalt.

Doktor: Ich empfehle mich, geehrtester Herr Exerzierzagel.

Hauptmann: Gleichfalls, bester Herr Sargnagel.

Woyzeck kommt die Straße heruntergerannt.

Hauptmann: He, Woyzeck, was hetzt Er sich so an uns vorbei? Bleib Er doch, Woyzeck, Er läuft ja wie ein offnes Rasiermesser durch die Welt, man schneidet sich an Ihm, Er läuft, als hätt er ein Regiment Kastrierte zu rasiern und würd gehenkt über dem letzten Haar noch vorm Verschwinden – aber, über die langen Bärte – was wollt ich doch sagen? Woyzeck – die langen Bärte ...

Doktor: Ein langer Bart unter dem Kinn, schon Plinius spricht davon, man muss es den Soldaten abgewöhnen, du, du ...

Hauptmann *fährt fort*: Hä? über die langen Bärte? Wie is Woyzeck, hat Er noch nicht ein Haar aus eim Bart in seiner Schüssel gefunden? He, Er versteht mich doch, ein Haar von einem Menschen, vom Bart eines Sapeur, eines Unteroffizier, eines – eines Tambourmajor? He Woyzeck? Aber Er hat eine brave Frau. Geht Ihm nicht wie andern.

Woyzeck: Jawohl! Was wollen Sie sagen Herr Hauptmann?

Hauptmann: Was der Kerl ein Gesicht macht! muss nun auch nicht in der Suppe sein, aber wenn Er sich eilt und um die Eck geht, so kann er vielleicht noch auf ein Paar Lippen eins finden, ein Paar Lippen, Woyzeck, ich habe auch die Liebe gefühlt, Woyzeck. Kerl, Er ist ja kreideweiß.

Woyzeck: Herr Hauptmann, ich bin ein arm Teufel – und hab sonst nichts auf der Welt, Herr Hauptmann, wenn Sie Spaß machen –

Hauptmann: Spaß ich, dass dich Spaß, Kerl!

Doktor: Den Puls Woyzeck, den Puls, klein, hart, hüpfend, unregelmäßig.

Woyzeck: Herr Hauptmann, die Erd is höllenheiß, mir eiskalt! Eiskalt, die Hölle ist kalt, wollen wir wetten. Unmöglich, Mensch! Mensch! Unmöglich.

Hauptmann: Kerl, will Er erschossen werden, will Er ein Paar Kugeln vor den Kopf haben? Er erstich mich mit seinen Augen, und ich mein's gut mit Ihm, weil Er ein guter Mensch ist, Woyzeck, ein guter Mensch.

Doktor: Gesichtsmuskeln starr, gespannt, zuweilen hüpfend, Haltung aufgeregt, gespannt.

Woyzeck: Ich geh! Es ist viel möglich. Der Mensch! Es ist viel möglich. Wir habe schön Wetter, Herr Hauptmann. Sehn Sie, so ein schön, festen groben Himmel, man könnte Lust bekomm, ein Kloben hineinzuschlagen und sich daran zu hänge, nur wege des Gedankenstrichels zwischen ja und wieder ja – und nein, Herr, Herr Hauptmann, ja und nein? Ist das Nein am Ja oder das Ja am Nein schuld? Ich will drüber nachdenke. (*Geht mit breiten Schritten ab, erst langsam, dann immer schneller.*)

Doktor (*schießt ihm nach*): Phänomen, Woyzeck, Zulage.

Hauptmann: Mir wird ganz schwindlig vor den Menschen. Wie schnell, der lange Schlengel greift aus, als läuft der Schatten von einem Spinnbein, und der Kurze, – das zuckelt. Der Lange ist der Blitz und der Kleine der Donner. Haha, hinterdrein. Grotesk! grotesk!

Tipp Den Handlungsverlauf einer Dramenszene analysieren

Die folgenden Fragen können Ihnen bei der Gliederung und der Analyse des Handlungsverlaufs helfen:
- Womit beginnt die Handlung, womit endet sie?
- Gibt es Brüche, Entwicklungen, Höhepunkte im Handlungsverlauf?
- Wird der Handlungsverlauf von äußeren Faktoren beeinflusst (z. B. Ereignisse außerhalb des Geschehens auf der Bühne, übergeordnete Handlungsziele der Figuren)?
- Wie lässt sich der Handlungsverlauf in einer Spannungskurve darstellen?

1
a Unterteilen Sie im obigen Dramentext mit blauen Linien die zentralen Handlungsschritte und fassen Sie deren Inhalt stichpunktartig zusammen. Berücksichtigen Sie dabei ausgewählte Aspekte aus der Information. Schreiben Sie in Ihr Kursheft.
b Halten Sie in Ihrem Kursheft den Handlungsverlauf in einer Spannungskurve fest.

2 Interpretieren Sie den **Dialog** zwischen dem Hauptmann und dem Doktor und das **Gespräch** zwischen dem Hauptmann, dem Doktor und Woyzeck.
a Sichten Sie die zwei im Dramentext jeweils mit roten Klammern eingefassten Abschnitte und geben Sie mit Hilfe des Flussdiagramms knapp den Dialogverlauf wieder.

Abschnitt 1: Dialog zwischen Hauptmann und Doktor:

Der Hauptmann beklagt seinen schlechten Gemütszustand   *Der Hauptmann reagiert*

Abschnitt 2: Gespräch zwischen Hauptmann, Doktor und Woyzeck:

Woyzeck kommt die Straße heruntergerannt   *Woyzeck reagiert*

b Untersuchen Sie das **Gespräch** zwischen dem Hauptmann, dem Doktor und Woyzeck im Hinblick auf die unten stehenden Aspekte und füllen Sie in Ihrem Kursheft die Tabelle aus. Markieren Sie vorher im Dramentext Hinweise zu den unterschiedlichen Untersuchungsaspekten, z. B. sprachliche Auffälligkeiten/rhetorische Mittel.

Untersuchungsaspekt	Hauptmann	Doktor	Woyzeck
Gesprächsanteil			*Woyzeck beantwortet lediglich ...*
Sprachliche Auffälligkeiten/Rhetorische Mittel	*Der Vergleich Woyzecks mit einem Rasiermesser ...*		
Sprachvarietät und deren Bedeutung		*Die wissenschaftlichen Fachausdrücke unterstreichen ...*	
Gesamteindruck der Figur			

1 GEORG BÜCHNER: „WOYZECK"

c Markieren Sie im Dramentext ein bis zwei markante, charakteristische Aussagen für jede der drei Figuren. Begründen Sie Ihre Auswahl.

Hauptmann: „Herr Doktor, ich bin so schwermütig, ich habe so was Schwärmerisches (...)" (Z. 12–13)

Begründung:

d Macht durch Erniedrigung: Welche der folgenden Deutungsthesen treffen auf die Szene zu? Kreuzen Sie an und begründen Sie Ihre Entscheidung.

- [ ] **A** Während der gesellschaftlich besser gestellte Doktor den Hauptmann erniedrigt, begründet dieser seinen Machtanspruch dadurch, dass er Woyzeck demütigt.
- [ ] **B** Der Doktor und der Hauptmann verbünden sich gemeinsam gegen Woyzeck, da dieser genug Macht hat, um das Verhalten der beiden Figuren zu entlarven.
- [ ] **C** Der Doktor erniedrigt Woyzeck und den Hauptmann, indem er beide als medizinische Untersuchungsobjekte betrachtet.

3 Führen Sie die Teilergebnisse aus den Aufgaben 1–2 zusammen und interpretieren Sie die Dramenszene:
- Fassen Sie den Handlungsverlauf mit Hilfe Ihrer Stichpunkte aus Aufgabe 1 zusammen.
- Geben Sie mit Hilfe Ihrer Ergebnisse aus Aufgabe 2a–c den Inhalt der Dialoge wieder.
- Formulieren Sie Ihre Deutungsthese zum Macht- und Erniedrigungsverhalten aus Aufgabe 2d aus.
- Notieren Sie abschließend ein Fazit, in dem Sie pointiert Ihr Ergebnis formulieren.

4 Beurteilen Sie abschließend im Kursheft die Funktion der Szene im Gesamtzusammenhang des Dramas.
- Welchen Stellenwert hat sie im Hinblick auf den weiteren Verlauf der Dramenhandlung?
- Welchen Beitrag leistet sie bezüglich der Charakterisierung der Figuren?
- Welche Funktion hat die Figurengestaltung für die gesellschaftskritische Intention des Dramas?

Sterntaler mal anders – Die Grundstimmung des Dramenfragments erschließen

Gebrüder Grimm: **Die Sterntaler** (1819)

Es war einmal ein kleines Mädchen, dem war Vater und Mutter gestorben, und es war so arm, dass es kein Kämmerchen mehr hatte, darin zu wohnen, und kein Bettchen mehr, darin zu schlafen, und gar nichts mehr als
5 die Kleider, die es auf dem Leib trug und ein Stückchen Brot, das es in der Hand hielt und das ihm ein mitleidiges Herz noch geschenkt hatte. Es war aber gar gut und fromm. Und weil es so von aller Welt verlassen war, ging es im Vertrauen auf den lieben Gott hinaus
10 ins Feld, da begegnete ihm ein armer Mann, der sprach: „Ach, gib mir doch etwas zu essen, ich bin so hungrig." Es reichte ihm das ganze Stückchen Brot und sagte: „Gott segne dir's!", und ging weiter; da kam ein Kind, das jammerte und sprach: „Es friert mich so an meinem Kopf, schenk mir doch etwas, womit ich ihn bedecken kann!"
15 Da tat es seine Mütze ab und gab sie ihm. Und als es noch ein bisschen gegangen war, kam wieder ein Kind und hatte kein Leibchen an und fror, da gab es ihm seins; und noch weiter, da bat eins um ein Röcklein, das gab es auch von sich hin. Endlich kam es in einen Wald und es war schon dunkel geworden, da kam noch eins und bat um ein Hemdlein, und das fromme Mädchen dachte: Es ist dunkle Nacht, da kannst du wohl dein Hemd weggeben; und gab es auch noch hin. Und wie es so stand und gar nichts mehr hatte, fielen auf einmal die Sterne vom Himmel und waren lauter
20 harte, blanke Taler, und ob es gleich sein Hemdlein weggegeben, so hatte es ein neues an vom allerfeinsten Linnen. Da sammelte es sich die Taler hinein und ward reich für sein Lebtag.

1 Vergleichen Sie das Märchen der Gebrüder Grimm mit dem Märchen der Großmutter aus dem Dramenfragment (Szene „Marie mit Mädchen vor der Haustür"). Übertragen Sie die Tabelle in Ihr Kursheft und ergänzen Sie sie.

Aspekt	Märchen „Die Sterntaler"	Märchen der Großmutter in „Woyzeck"
Darstellung des Mädchens	*hilfsbereit ...*	*weint*
Darstellung der Welt	...	...
Ausgang des Märchens	...	...
Sprache	...	...
Mögliche Aussageabsicht	*Nächstenliebe*	...

2 Beschreiben Sie, welches Menschen- und Weltbild in dem Märchen der Großmutter deutlich wird (▶ Information). Halten Sie Ihr Ergebnis im Kursheft fest.

3 Notieren Sie, welche Funktion das Märchen innerhalb des Dramenfragments „Woyzeck" hat.

Das Märchen erzeugt eine düstere Grundstimmung, sodass

Info **Nihilismus**

Der **Nihilismus** ist eine Weltanschauung, die von der **Nichtigkeit** und **Sinnlosigkeit** alles Bestehenden ausgeht. Daraus folgern die Nihilisten, dass das menschliche Streben nach positiven Zielen, Idealen und Werten keinen Sinn hat. Geltende Normen und Werte innerhalb einer Gesellschaft werden dabei meist hinterfragt oder sogar verneint.

Schuldunfähig? – Die Schuldfähigkeit Woyzecks beurteilen

Psychische Störungen und die Schuldfähigkeit im Strafrecht (2016)

Strafrechtlich zur Verantwortung gezogen werden kann in Deutschland nur, wer zur Tatzeit schuldfähig war. Zur Schuldfähigkeit gehören Einsichts- und Steuerungsfähigkeit. Das bedeutet, dem Täter muss klar gewesen sein, was er macht, und er muss sich in so einem Zustand befunden haben, dass er sein Handeln steuern konnte. Diese Fähigkeit kann bei einer Tat eingeschränkt oder völlig aufgehoben sein. Das hat Folgen für die Rechtsprechung, die in den § 20 und § 21 des Strafgesetzbuches geregelt sind.

§ 21, **Verminderte Schuldfähigkeit:** Danach kann eine Strafe erheblich gemildert werden, wenn die Fähigkeit des Täters, das Unrecht seines Handelns einzusehen und sich entsprechend zu verhalten, während der Tat erheblich vermindert war. Das kann zum Beispiel durch einen erheblichen Alkoholrausch oder Drogenkonsum hervorgerufen werden.

§ 20, **Schuldunfähigkeit wegen seelischer Störungen:** Nicht bestraft werden kann, wer wegen einer krankhaften seelischen Störung, einer tiefgreifenden Bewusstseinsstörung oder einer schweren geistigen Behinderung das Unrecht seines Handelns nicht erkennen und sich entsprechend verhalten kann. Als krankhafte seelische Störungen in diesem Sinne gelten Psychosen (Zustände mit Verlust des Realitätsbezuges) zum Beispiel durch Hirnschäden, Folgen von Alkoholmissbrauch (Delirium) oder psychische Krankheiten wie Schizophrenie. [...]

Ein schuldunfähiger Täter kann nicht bestraft, jedoch von einem Gericht in die geschlossene Psychiatrie eingewiesen werden, wenn von ihm eine weitere Gefahr für die Allgemeinheit ausgeht. [...]

Für die Klärung der Frage einer eingeschränkten oder aufgehobenen Schuldfähigkeit muss immer ein psychiatrisches Gutachten erhoben werden. Dabei wird der Betroffene nicht nur untersucht. Auch seine bisherige Lebensführung und das Gesamtverhalten vor, während und nach der Tat fließen in die Gesamteinschätzung ein.

1 a Diskutieren Sie: Trägt Woyzeck die volle Schuld an der Ermordung Maries?
    b Halten Sie in der Tabelle Aspekte fest, die für bzw. gegen Woyzecks Schuld sprechen.

Aspekte, die für Woyzecks Schuld sprechen	Aspekte, die gegen Woyzecks Schuld sprechen
– *Woyzeck besorgt ein Messer → plant die Tat*	– *aufgrund des Erbsenexperiments*

2 Markieren Sie im Text zum heutigen Strafrecht Informationen zur eingeschränkten Schuldfähigkeit. Notieren Sie die Kernaussagen stichpunktartig.

_____

_____

_____

_____

3 Verfassen Sie auf der Grundlage Ihrer Ergebnisse zu den Aufgaben 1 und 2 eine Verteidigungsrede für den des Mordes angeklagten Woyzeck aus heutiger Perspektive. Schreiben Sie im Kursheft.

1.6 Sprachgestaltung und Form

Die sprachliche Gestaltung der Mordszene und ihre Wirkung

Georg Büchner: **Woyzeck – Abend. Die Stadt in der Ferne**

Marie und Woyzeck
Marie: Also dort hinaus ist die Stadt. 's ist finster.
Woyzeck: Du sollst noch bleiben. Komm, setz dich. — *Woyzeck lässt sie nicht gehen*
Marie: Aber ich muss fort.
Woyzeck: Du wirst dir die Füß nicht wund laufen.
5 **Marie:** Wie bist du nur auch!
Woyzeck: Weißt du auch, wie lang es just ist, Marie?
Marie: An Pfingsten zwei Jahr.
Woyzeck: Weißt du auch, wie lang es noch sein wird?
Marie: Ich muss fort, das Nachtessen richten.
10 **Woyzeck:** Friert's dich, Marie, und doch bist du warm. Was du heiße
Lippen hast! (heiß, heiß Hurenatem, und doch möcht' ich den Himmel geben, sie noch einmal zu küssen) und **wenn man kalt ist, so** — *Vorausdeutung*
friert man nicht mehr. Du wirst vom Morgentau nicht frieren.
Marie: Was sagst du?
15 **Woyzeck:** Nix. *(Schweigen.)*
Marie: Was der Mond rot aufgeht. — *wiederkehrende Leitmotive*
Woyzeck: Wie **ein blutig Eisen**.
Marie: Was hast du vor? Franz, du bist so blass. *(Er zieht das Messer.)* – Franz halt! Um des Himmels willen, Hü – Hülfe!
20 **Woyzeck:** Nimm das und das! Kannst du nicht sterben? So! so! – Ha, sie zuckt noch, noch nicht, noch nicht? Immer noch? *(Stößt zu.)* Bist du tot? Tot! Tot! *(Es kommen Leute, läuft weg.)*

---

1 Untersuchen Sie Satzbau, Zeichensetzung, Vorausdeutungen, rhetorische Mittel sowie sprachliche Besonderheiten im Dialog. Verwenden Sie farbige Textmarkierungen und machen Sie sich Notizen am Textrand.

2 a Systematisieren und erläutern Sie in der Tabelle Ihre Textbeobachtungen. Bestimmen Sie die Funktion und Wirkung der sprachlichen Gestaltung in Bezug auf den Inhalt. Übertragen Sie die Tabelle in Ihr Kursheft.

Sprachliche Auffälligkeit	Wirkung und Bezug zum Inhalt
– Woyzeck verwendet zu Beginn einen Imperativ	→ Woyzeck lässt Marie nicht gehen; Marie gehorcht
– Fragen: Marie: „Was sagst du?" (Z. 14), „Was hast du vor?" (Z. 18)	→ Angst und Besorgnis Maries
– …	– …

b Formulieren Sie in Ihrem Kursheft ein Fazit auf der Basis Ihrer Ergebnisse.

3 Untersuchen Sie arbeitsteilig, in welchen weiteren Szenen die markierten Leitmotive (▶ Information) auftauchen. Klären Sie mit Hilfe der Information die Deutung der Motive.

> **Info Leitmotiv**
>
> Ein **Leitmotiv** ist eine ähnlich wiederkehrende Bild- oder Wortfolge, die auf Zusammenhänge, Figuren, Situationen, Gefühle oder Ideen verweist. Dadurch wird der Text gegliedert und es wird etwas in besonderer Weise akzentuiert. Bei einem Leitmotiv kann es sich um stehende Redewendungen, wiederholte Handlungselemente, sprachliche Bilder oder Dingsymbole handeln, also um Gegenstände von symbolhafter Bedeutung.

Aspekte der Sprache des Dramas – Gescheiterte Kommunikation als Standard?

1 a Suchen Sie im Dramenfragment Textbelege für die nachfolgenden Sprachvarietäten und Stilmerkmale und notieren Sie jeweils ein Beispiel mit Szenenangabe.

Alltags-/Umgangssprache: _____

Dialekt: _____

Fachsprache: _____

Bibelzitate: _____

Volkslieder: _____

b Formulieren Sie in Ihrem Kursheft, welche Wirkung von den jeweiligen sprachlichen und stilistischen Besonderheiten ausgeht.
Dialekt → verdeutlicht die Zugehörigkeit zu unteren Schichten; vor allem gesprochen von ...; aber auch ...
Fachsprache → Der Doktor verwendet häufig Fachsprache, da er sich damit ...

2 a Tauschen Sie sich in Ihrem Kurs darüber aus, welche Aspekte dazu beitragen, dass man von einer gelungenen Kommunikation sprechen kann. Halten Sie einzelne Punkte stichpunktartig in Ihrem Kursheft fest.

b Notieren Sie drei Gesprächssituationen im Dramenfragment, an denen deutlich wird, dass die Kommunikation zwischen den Interagierenden als misslungen bezeichnet werden kann. Erklären Sie, was zum Scheitern der Kommunikationssituation führt (▶ Information).

1) Marie versteht Woyzeck nicht: „Der Mann! So vergeistert." (Szene „Die Stadt") → _____

_____

2) _____

_____

3) _____

_____

3 Nehmen Sie Stellung dazu, inwiefern die misslungene Kommunikation zwischen den Figuren den tragischen Ausgang des Dramenfragments mitbestimmt.

_____

_____

_____

Info Kommunikationsstörungen

Kommunikationsstörungen können verschiedene Gründe haben. Enthält die Nachricht des Senders **falsche** oder **unvollständige Informationen**, kann der Empfänger für sich hieraus keinen Inhalt ableiten. Dies gilt auch, wenn der Sender sich **sprachlich nicht eindeutig ausdrückt**, da er beispielsweise **keine Sinnzusammenhänge zwischen Sätzen** herstellt oder **Wörter in einem unpassenden Kontext** verwendet. Eine Störung der Kommunikation kann auch durch **eine falsche Artikulation**, d. h. durch **undeutliches oder zu leises Sprechen** sowie die Verwendung eines **Dialekts** zustande kommen, sodass der Empfänger den Inhalt der Nachricht nicht entschlüsseln kann.

1.7 Eine Inszenierung als Deutungsmöglichkeit untersuchen

Ulrich Rasches Baseler „Woyzeck" © Sandra Then, 2017

1 Betrachten Sie das Szenenbild der Aufführung des „Woyzeck" am Staatstheater Basel. Deuten Sie die Inszenierung mittels der großen Drehscheibe im Hinblick auf eine mögliche Interpretation des Dramenfragments.

2 Lesen Sie die Rezension zu der Baseler Aufführung und nehmen Sie im Kursheft kritisch Stellung zu der Frage, inwiefern die Maschine als „Metapher für die Unerbittlichkeit des Schicksals" (Z. 13) der zentralen Idee des Dramenfragments Rechnung trägt.

Martin Halter: **Ulrich Rasche inszeniert „Woyzeck" am Basler Schauspielhaus** (2017)

Ulrich Rasche spannt gern Klassiker von Kleist und Goethe bis Büchner auf Maschinen, um sie auseinanderzunehmen und neu zusammenzusetzen. Zuletzt stellte er in München Schillers „Räuber" auf eine Riesenmaschine aus Ketten und Laufbändern; dafür bekam er eine Einladung zum Theatertreffen und das Prädikat „Kunstwerk der Stunde". Auch bei seiner ersten Regiearbeit in Basel zeigt Rasche jetzt Menschen als Rädchen im großen Weltgetriebe: Die armen Hunde, Menschen wie Franz Woyzeck, müssen „immerzu" laufen, laufen, laufen – und kommen doch nie voran. Die sich im Kreis drehende Maschine ist eine unmittelbar einleuchtende Metapher für die Unerbittlichkeit des Schicksals. Büchner selber sprach ja vom „grässlichen Fatalismus der Geschichte", der alle Illusionen von Individualität und freiem Willen vernichte.

In Basel ist die Weltmaschine ein stählernes Monstrum mit einem Durchmesser von zwölf Metern, das mit seinen Gittern, Streben und Laufbändern manchmal aussieht wie ein plattgedrücktes Radioteleskop oder eine Jahrmarktsattraktion. Die Drehscheibe ächzt und knarrt und rattert, hebt und senkt und dreht sich ununterbrochen, mal rechts, mal links herum, mal langsam, mal schnell, manchmal auch gegenläufig zur Drehbühne. Wer eine Rolle in der Gesellschaft spielt, sei es als Hauptmann, Doktor oder Tambourmajor, läuft mit. Wer nicht mehr mitkommt, stürzt oder abspringt, ist draußen. Die Woyzecks stehen am Rand, müssen schneller klettern und rennen, während andere weiter innen sie mühelos überholen. Alle aber müssen sich anketten, um die Zug- und Fliehkräfte der Maschine auszuhalten und nie ins Rutschen oder Zweifeln zu geraten. [...] Die Maschine spielt die Hauptrolle an diesem Abend. Ihr Motor ist die Sprache, ihr Taktgeber die Musik. [...] Wenn Rasches Überwältigungsästhetik doch nur phasenweise überzeugt, so liegt das an der Eintönigkeit der Schicksalsmusik: an dem durch die Mechanik der Installation und der Klangwalze eingeschränkten Spiel- und Bewegungsraum. Rasche arrangiert Büchners Figuren als Körper im Raum, die sich fast nie berühren oder auch nur einmal anschauen, aber immer in Beziehung zueinander stehen oder vielmehr: gehen. Der Abend dauert dreieinhalb Stunden, aber nicht, weil es eine Fülle psychologischer Subtilitäten oder kühner Deutungsversuche zu sehen gäbe. Es gelten vielmehr die Naturgesetze der Schwerkraft: mechanische Wiederholung, maschinelle Gleichförmigkeit, puppenhafte Automatik. [...] Rasches Inszenierungen polarisieren. Wo die einen eine im neueren Theater selten gewordene Wucht feiern, sprechen die anderen von langweiligen Fitness-Übungen, Leni-Riefenstahl-Ästhetik[1] oder gar Kitsch. In Basel gibt es beides zu sehen. Wo chorisches Sprechen, stampfende Musik und das unerbittlich sich drehende Weltrad sich gegenseitig aufpeitschen, gibt es Momente höchster emotionaler Intensität. Aber es gibt eben auch gar nicht wenige Szenen, in denen das Immerzu-Gehen nur noch routinierter Drehschwindel ist und der Mut zum Pathos die Grenze zur unfreiwilligen Komik streift. Nach der Pause lässt die Spannung nach, auch weil die Ordnung der Szenen-Fragmente manchmal fragwürdig ist: Woyzecks Erbsenfolter beim Doktor etwa steht unmittelbar vor seinem Liebesmord. Die Drehscheibe schraubt sich dabei in unerhörte Höhen, die schiefe Ebene kippt fast in die Steilwand, aber die Menschen halten mit der Maschine – zum Glück – nicht immer Schritt.

---

[1] **Leni Riefenstahl (1902–2003):** Filmregisseurin, in deren Filmen Menschen und Technik im Sinne eines nationalsozialistischen Weltbildes überhöht dargestellt werden

1.8 Zur Gattung und zur epochalen Einordnung des Dramenfragments

Georg Büchners Weltbild und historische Bezüge

Georg Büchner: **Brief an die Familie** (Februar 1834)

[...] Ich verachte niemanden, am wenigsten wegen seines Verstandes oder seiner Bildung, weil es in niemands Gewalt liegt, kein Dummkopf oder kein Verbrecher zu werden, – weil wir durch gleiche Umstände wohl alle gleich würden, und weil die Umstände außer uns liegen. Der Verstand nun gar ist nur eine sehr geringe Seite unsers geistigen Wesens und die Bildung nur eine sehr zufällige Form desselben. Wer mir eine solche Verachtung vorwirft, behauptet, dass ich einen Menschen mit Füßen träte, weil er einen schlechten Rock anhätte. Es heißt dies, eine Rohheit, die man einem im Körperlichen nimmer zutrauen würde, ins Geistige übertragen, wo sie noch gemeiner ist. Ich kann jemanden einen Dummkopf nennen, ohne ihn deshalb zu verachten; die Dummheit gehört zu den allgemeinen Eigenschaften der menschlichen Dinge; für ihre Existenz kann ich nichts, es kann mir aber niemand wehren, alles, was existiert, bei seinem Namen zu nennen und dem, was mir unangenehm ist, aus dem Wege zu gehn. Jemanden kränken, ist eine Grausamkeit, ihn aber zu suchen oder zu meiden, bleibt meinem Gutdünken überlassen. *Daher* erklärt sich mein Betragen gegen alte Bekannte; ich kränkte keinen und sparte mir viel Langeweile; halten sie mich für hochmütig, wenn ich an ihren Vergnügungen oder Beschäftigungen keinen Geschmack finde, so ist es eine Ungerechtigkeit; mir würde es nie einfallen, einem Andern aus dem nämlichen Grunde einen ähnlichen Vorwurf zu machen. Man nennt mich einen Spötter. Es ist wahr, ich lache oft, aber ich lache nicht darüber, *wie* jemand ein Mensch, sondern nur darüber, *dass* er ein Mensch ist, wofür er ohnehin nichts kann, und lache dabei über mich selbst, der ich sein Schicksal teile. Die Leute nennen das Spott, sie vertragen es nicht, dass man sich als Narr produziert und sie duzt; sie sind Verächter, Spötter und Hochmütige, weil sie die Narrheit nur *außer sich* suchen. Ich habe freilich noch eine Art von Spott, es ist aber nicht der der Verachtung, sondern der des Hasses. Der Hass ist so gut erlaubt als die Liebe, und ich hege ihn im vollsten Maße gegen die, welche verachten. Es ist deren eine große Zahl, die im Besitze einer lächerlichen Äußerlichkeit, die man Bildung, oder eines toten Krams, den man Gelehrsamkeit heißt, die große Masse ihrer Brüder ihrem verachtenden Egoismus opfern. Der Aristokratismus ist die schändlichste Verachtung des Heiligen Geistes im Menschen; gegen ihn kehre ich seine eigenen Waffen; Hochmut gegen Hochmut, Spott gegen Spott. [...]

1 Markieren Sie im Text Hinweise zum Menschenbild Georg Büchners. Halten Sie anschließend wesentliche Aspekte seines Menschenbildes schriftlich in Ihrem Kursheft fest.

2 Erklären Sie mit Textbelegen in Ihrem Kursheft, inwiefern sich das Menschenbild Georg Büchners in der Figurengestaltung von Woyzeck und Marie widerspiegelt.

3 a Informieren Sie sich arbeitsteilig über den historischen Kontext, in dem das Dramenfragment „Woyzeck" entstand. Recherchieren Sie hierzu die nachfolgenden Ereignisse. Halten Sie wesentliche Aspekte in Form einer Mindmap in Ihrem Kursheft fest. Stellen Sie sich anschließend gegenseitig Ihre Ergebnisse vor.

> Wiener Kongress • Hambacher Fest • Karlsbader Beschlüsse • Frankfurter Wachensturm

b Recherchieren Sie Büchners Biografie, insbesondere im Hinblick auf seine politischen Aktivitäten im Zusammenhang mit dem Flugblatt „Der Hessische Landbote". Halten Sie Ihre Rechercheergebnisse stichwortartig in Ihrem Kursheft fest.

c Stellen Sie sich gegenseitig die Ergebnisse Ihrer Recherchen vor und diskutieren Sie, inwiefern die historischen Ereignisse Büchners politische Haltung und seine politischen Aktivitäten beeinflusst haben.

4 Beurteilen Sie unter Berücksichtigung des nachfolgenden Zitats, welche Wirkungsabsicht Büchner mit dem Dramenfragment „Woyzeck" verfolgt hat und inwiefern ihm dies gelungen ist. Formulieren Sie einen kurzen Text in Ihrem Kursheft.

Was nennt Ihr denn gesetzlichen Zustand? Ein Gesetz, das die große Masse der Staatsbürger zum fronenden Vieh macht, um die unnatürlichen Bedürfnisse einer unbedeutenden und verdorbenen Minderzahl zu befriedigen? Und dies Gesetz, unterstützt durch eine rohe Militärgewalt und durch die dumme Pfiffigkeit seiner Agenten, dies Gesetz ist eine ewige, rohe Gewalt, angetan dem Recht und der gesunden Vernunft, und ich werde mit Mund und Hand dagegen kämpfen, wo ich kann.
Georg Büchner: Brief an die Familie (April 1833)

Büchners und Schillers Dramenkonzept – Die Dramenabsicht erarbeiten

Georg Büchner: **Brief an die Familie** (Juli 1835)

[...] Der dramatische Dichter ist in meinen Augen nichts als ein Geschichtsschreiber, steht aber *über* Letzterem dadurch, dass er uns die Geschichte zum zweiten Mal erschafft und uns gleich unmittelbar, statt eine trockne Erzählung zu geben, in das Leben einer Zeit hineinversetzt, uns statt Charakteristiken Charaktere und statt Beschreibungen Gestalten gibt. Seine höchste Aufgabe ist, der Geschichte, wie sie sich wirklich begeben, so nahe als möglich zu kommen. Sein Buch darf weder sittlicher noch unsittlicher sein als die Geschichte selbst; aber die Geschichte ist vom lieben Herrgott nicht zu einer Lektüre für junge Frauenzimmer geschaffen worden, und da ist es mir auch nicht übel zu nehmen, wenn mein Drama ebenso wenig dazu geeignet ist. Ich kann doch aus einem Danton und den Banditen der Revolution nicht Tugendhelden machen! Wenn ich ihre Liederlichkeit schildern wollte, so musste ich sie eben liederlich sein, wenn ich ihre Gottlosigkeit zeigen wollte, so musste ich sie eben wie Atheisten sprechen lassen. Wenn einige unanständige Ausdrücke vorkommen, so denke man an die weltbekannte, obszöne Sprache der damaligen Zeit, wovon das, was ich meine Leute sagen lasse, nur ein schwacher Abriss ist. Man könnte mir nun noch vorwerfen, dass ich einen solchen Stoff gewählt hätte. Aber der Einwurf ist längst widerlegt. Wollte man ihn gelten lassen, so müssten die größten Meisterwerke der Poesie verworfen werden. Der Dichter ist kein Lehrer der Moral, er erfindet und schafft Gestalten, er macht vergangene Zeiten wieder aufleben, und die Leute mögen dann daraus lernen, so gut wie aus dem Studium der Geschichte und der Beobachtung dessen, was im menschlichen Leben um sie herum vorgeht. Wenn man *so* wollte, dürfte man keine Geschichte studieren, weil sehr viele unmoralische Dinge darin erzählt werden, müsste mit verbundenen Augen über die Gasse gehen, weil man sonst Unanständigkeiten sehen könnte, und müsste über einen Gott Zeter schreien, der eine Welt erschaffen, worauf so viele Liederlichkeiten vorfallen. Wenn man mir übrigens noch sagen wollte, der Dichter müsse die Welt nicht zeigen, wie sie ist, sondern wie sie sein solle, so antworte ich, dass ich es nicht besser machen will als der liebe Gott, der die Welt gewiss gemacht hat, wie sie sein soll. Was noch die sogenannten Idealdichter anbetrifft, so finde ich, dass sie fast nichts als Marionetten mit himmelblauen Nasen und affektiertem Pathos, aber nicht Menschen von Fleisch und Blut gegeben haben, deren Leid und Freude mich mitempfinden macht, und deren Tun und Handeln mir Abscheu oder Bewunderung einflößt. Mit einem Wort, ich halte viel auf Goethe und Shakespeare, aber sehr wenig auf Schiller.

Friedrich Schiller: **Idealisierung als Aufgabe des Dichters** (1791)

Eine der ersten Erfordernisse des Dichters ist Idealisierung, Veredlung, ohne welche er aufhört, seinen Namen zu verdienen. Ihm kommt es zu, das Vortreffliche seines Gegenstandes (mag dieser nun Gestalt, Empfindung oder Handlung sein, in ihm oder außer ihm wohnen) von gröbern, wenigstens fremdartigen Beimischungen zu befreien, die in mehreren Gegenständen zerstreuten Strahlen von Vollkommenheit in einem einzigen zu sammeln, einzelne, das Ebenmaß störende Züge der Harmonie des Ganzen zu unterwerfen, das Individuelle und Lokale zum Allgemeinen zu erheben. Alle Ideale, die er auf diese Art im Einzelnen bildet, sind gleichsam nur Ausflüsse eines innern Ideals von Vollkommenheit, das in der Seele des Dichters wohnt. Zu je größerer Reinheit und Fülle er dieses innere allgemeine Ideal ausgebildet hat, desto mehr werden auch jene Einzelnen sich der höchsten Vollkommenheit nähern.

1 Markieren Sie in den Texten von Büchner und Schiller Hinweise, wie Dramen gestaltet sein müssen und welche Wirkungsabsichten mit den jeweiligen Dramen verfolgt werden sollen.

2 a Halten Sie Gemeinsamkeiten und Unterschiede zur Auffassung des Dramas bei Büchner und Schiller fest.

Aspekt	Büchner	Schiller
Darstellung der Welt	*Welt, wie sie ist*	
Moralischer Anspruch		
Figurengestaltung		
Sprache		*abgehoben, sodass Distanz*
Absicht		

b Fassen Sie in Ihrem Kursheft wesentliche Aspekte der Dramentheorien Büchners und Schillers zusammen.

3 Notieren Sie, inwiefern das Dramenfragment „Woyzeck" der Dramentheorie Georg Büchners entspricht.

Figurengestaltung:

_____

Sprache:

_____

Darstellung historischer Verhältnisse:

_____

4 Sozialkritische Dramentheorie Büchners oder utopischer Ansatz Schillers? – Beurteilen Sie in Ihrem Kursheft, von welchem Dramenansatz eine stärkere Wirkung auf die Zuschauer ausgeht.

„Woyzeck" als „soziales Drama"

> **Info** **Das soziale Drama**
>
> Das soziale Drama ist eine Form des Dramas, in der **soziale und gesellschaftliche Probleme** thematisiert werden. Meist ist der Protagonist ein Vertreter der unteren gesellschaftlichen Schichten, der sich gegen **soziale Missstände** und **Ungerechtigkeiten** oder gegen Angehörige einer **privilegierteren Schicht** behaupten muss und dabei nicht selten scheitert. Um die Zugehörigkeit zu ihrem sozialen Milieu zu verdeutlichen, sprechen diese Figuren häufig **Dialekt**. Die Intention dieser Dramen ist, durch die Darstellung solcher Missstände auf der Bühne die Zuschauer zum Denken anzuregen und damit dazu beizutragen, die **soziale Ungerechtigkeit** zu beseitigen.

1 Beurteilen Sie in Ihrem Kursheft, inwiefern das Dramenfragment „Woyzeck" als soziales Drama (▶ Information) bezeichnet werden kann. Beziehen Sie dabei folgende Aspekte in Ihre Überlegungen ein. Führen sie auch Beispiele aus dem Dramenfragment an.

soziale Konflikte • Darstellung des Protagonisten • Darstellung von Nebenfiguren • Verhältnis des Protagonisten zu Nebenfiguren • Darstellung historischer Verhältnisse

1.9 Büchners „Woyzeck" und Goethes „Faust" – Die Gestaltung literarischer Figuren vergleichen

> **Info** **Johann Wolfgang von Goethe: „Faust – Der Tragödie erster Teil"**
>
> „Faust – Der Tragödie erster Teil" ist ein Drama von Johann Wolfgang von Goethe (1749–1832), das im Jahr 1808 veröffentlicht wurde. Das Werk umfasst zwei Handlungsstränge: Im ersten Handlungsstrang („Gelehrtentragödie") geht es um den Gelehrten Faust, der nach Erkenntnis strebt und daran verzweifelt, dass ihm die letzten Wahrheiten verschlossen bleiben. Er schließt einen Pakt mit Mephistopheles (Mephisto), der zu den teuflischen Mächten gehört und Faust verspricht, ihn zu verjüngen und ihm die Welt zu zeigen. Hiermit verknüpft ist der zweite Handlungsstrang („Gretchentragödie"): Nach seiner Verjüngung begegnet Faust der jungen Margarete (Gretchen) und verliebt sich in sie. Er fordert nun Mephistos Hilfe, um sie für sich zu gewinnen. Die nachfolgende Liebesbeziehung der beiden endet tragisch für Margarete, die ihr gemeinsames Kind nach der Geburt tötet und dafür im Kerker landet.

1 Informieren Sie sich in einer Bibliothek oder im Internet über den Inhalt von Goethes Drama „Faust".

2 Lesen Sie den Ausschnitt aus dem Drama aktiv, d. h. mit einem Stift in der Hand. Am Textrand können Sie Fragen oder Anmerkungen notieren.

Johann Wolfgang von Goethe: **Faust – Der Tragödie erster Teil** (1808)

Abend
Ein kleines reinliches Zimmer
Margarete, *ihre Zöpfe flechtend und aufbindend.*
Ich gäb' was drum, wenn ich nur wüsst',
5 Wer heut der Herr gewesen ist!
Er sah gewiss recht wacker aus
Und ist aus einem edlen Haus;
Das konnt' ich ihm an der Stirne lesen –
Er wär' auch sonst nicht so keck gewesen. *Ab.*
10 [...]
Mephisto und Faust kommen ins Zimmer und verstecken ein Schmuckkästchen in ihrem Schrank als ein Geschenk von Faust für Margarete.

Margarete *mit einer Lampe.*
Es ist so schwül, so dumpfig hie,
15 *Sie macht das Fenster auf.*
Und ist doch eben so warm nicht drauß.
Es wird mir so, ich weiß nicht wie –
Ich wollt', die Mutter käm' nach Haus.
Mir läuft ein Schauer übern ganzen Leib –
20 Bin doch ein töricht furchtsam Weib!
Sie fängt an zu singen, indem sie sich auszieht.
[...]
Sie eröffnet den Schrein, ihre Kleider einzuräumen, und erblickt das Schmuckkästchen.
25 Wie kommt das schöne Kästchen hier herein?
Ich schloss doch ganz gewiss den Schrein.
Es ist doch wunderbar! Was mag wohl drinne sein?
Vielleicht bracht's jemand als ein Pfand,
Und meine Mutter lieh darauf.
30 Da hängt ein Schlüsselchen am Band
Ich denke wohl, ich mach' es auf!
Was ist das? Gott im Himmel! Schau,
So was hab' ich mein' Tage nicht gesehn!

Ein Schmuck! Mit dem könnt' eine Edelfrau
35 Am höchsten Feiertage gehn.
Wie sollte mir die Kette stehn?
Wem mag die Herrlichkeit gehören?
Sie putzt sich damit auf und tritt vor den Spiegel.
Wenn nur die Ohrring' meine wären!
40 Man sieht doch gleich ganz anders drein.
Was hilft euch Schönheit, junges Blut?
Das ist wohl alles schön und gut,
Allein man lässt's auch alles sein;
Man lobt euch halb mit Erbarmen.
45 Nach Golde drängt,
Am Golde hängt
Doch alles. Ach wir Armen!

3 a Vergleichen Sie die vorliegende Szene mit der Szene „Kammer – Marie sitzt, ihr Kind auf dem Schoß, ein Stückchen Spiegel in der Hand" aus dem Dramenfragment „Woyzeck". Untersuchen Sie Parallelen und Unterschiede zwischen den Figuren Margarete und Marie.
Vervollständigen Sie hierzu die Tabelle in Ihrem Kursheft.

Aspekt	Margarete	Marie
Situation	erhält Schmuck von Faust, da dieser ...	im Leben ...
Figurengestaltung	sittsam, schüchtern ...	selbstsicher ...
Reaktion auf Schmuck/Verhalten		
Lebensumstände	„Ach wir Armen" (Z. 47) →	
Sprechsituation	Monolog →	
Wünsche/Hoffnungen		
Weltbild/Ansichten		„Ach! Was Welt? Geht doch alles zum Teufel, Mann und Weib." →

b Reflektieren Sie die Wirkungsabsicht bei der Gestaltung der Protagonistinnen:
– Welches Selbstverständnis hat die Protagonistin bei Goethe, welches bei Büchner?
– Welches Frauenbild wird durch die weiblichen Figuren jeweils vermittelt?
– Wie gestaltet Büchner im Vergleich zu Goethe die Rolle der Frau innerhalb der vorherrschenden gesellschaftlichen Zusammenhänge?

4 Im Drama „Faust" kommt der Figur Margarete eine eigenständige Bedeutung zu. Der als „Gretchentragödie" bezeichnete Handlungsstrang, der von einer jungen Frau handelt, deren Liebesbeziehung tragisch endet, steht gleichwertig neben der „Gelehrtentragödie" Fausts.
Die Literaturwissenschaftlerin Franziska Schößler fragt hinsichtlich der Protagonistin Marie im Dramenfragment „Woyzeck", ob „die eigentliche ‚Heldin' des Stückes nicht Marie ist". Erörtern Sie unter Einbeziehung von Textbelegen, ob das Dramenfragment von Georg Büchner eigentlich „Marie" heißen sollte.

1.10 Klausurtraining:
Einen Sachtext mit Bezug auf einen literarischen Text erörtern

Aufgabenbeispiel

1. Stellen Sie die zentralen Aussagen des Textauszugs der Literaturwissenschaftlerin Annette Graczyk zu Büchners Dramenfragment „Woyzeck" dar.
2. Erörtern Sie im Anschluss an Graczyks These, Marie sei eine Figur, die bisher nicht „als Individuum mit eigenständigen Lebensinteressen" wahrgenommen worden sei, inwiefern Marie zum „krankhaften Zusammenbruch von Woyzeck" beiträgt.

Annette Graczyk: Mobilität durch Eros – Maries Ausbruchsversuch (2008)

Dass es im Stück [...] eine männliche Hierarchie der Unterdrückung gibt, die dann von dem rangtiefsten Vertreter Woyzeck an die sozial noch weniger geschützte weibliche Außenseiterfigur, die unangepasst lebende Weibsperson Marie [...] weitergegeben wird, darüber gibt es auch in der allgemeinen Büchnerforschung seit langem einen Konsens. [...] Besonders das heikle, durch Büchners Textvarianten nicht abgesicherte Vorverständnis von Marie als einer Hure hat dazu geführt, sie nicht als Individuum mit eigenständigen Lebensinteressen wahrzunehmen. Sie wurde vielmehr diffus den gesellschaftlichen Umständen von Woyzeck zugerechnet. Danach trägt sie mit zum krankhaften Zusammenbruch von Woyzeck bei, der dann destruktiv auf sie selbst zurückwirkt. Maries Untreue bzw. ihre kurzfristige Liaison[1] mit dem ranghöheren Tambourmajor gilt in dieser Sicht nur als letzter Schlag, welcher Woyzeck von der Gesellschaft zugefügt wird und ihn letztlich aus dem Gleichgewicht wirft. Maries sexuelle Leichtfertigkeit und ihre Verführbarkeit [...] machte sie in diesem Interpretationsansatz weitgehend untauglich als ein Vorzeigeobjekt [...].
[...] Der Fokus auf die Lage der männlichen Unterschichtsfigur Woyzeck hat allerdings verhindert, dass die Lage der weiblichen Unterschichtsfigur Marie genügend wichtig genommen [...] wurde. Der im Stück entfaltete Konflikt lässt sich jedoch erst voll erkennen, wenn man Maries kurzfristigen Ausbruchsversuch und ihren Glücksanspruch ebenso ernst nimmt wie die solidarische Anstrengung von Woyzeck [...]. Das muss auch dann gelten, wenn man die lebenshungrige, um Kind und Mann relativ unbekümmerte Frau moralisch in den Gegensatz zum angestrengten Ernst des männlichen Familienversorgers setzt. Denn Büchner zeigt auch die Nöte einer jungen, noch unausgelebten Frau. Als ledige Mutter hat sie nicht den Status einer gesetzlich geschützten Ehefrau. Ihre materiellen Verhältnisse sind mehr als drückend, da Woyzeck sie und das Kind nur notdürftig unterhalten kann und Marie nicht einmal die Gewähr hat, dass das auf Dauer so bleiben wird. Im Gegensatz zu Woyzeck, der gegenüber dem Hauptmann von seiner ‚natürlichen' Frau und seinem ‚natürlichen' Kind spricht, fühlt sie sich nicht fest gebunden. Anders als Woyzeck ist sie zudem genötigt, ihre Selbständigkeit zu verteidigen. In der Ohrring-Szene verteidigt sie ihr Recht auf Autonomie: „Bin ich ein Mensch?" [...] In der [...] Szene [...] will Marie jeglichen Verdacht des misstrauischen Woyzeck von vornherein unterbinden. [...] Marie schneidet Woyzeck mit der Intervention: „Bin ich ein Mensch?" das Wort ab. Und tatsächlich fragt Woyzeck im Folgenden nicht nach, sondern wechselt das Thema. [...] Implizit aber verteidigt Marie ganz konkret ihre Rechte als weiblicher Mensch, denn sie schützt ihre sexuelle Freiheit, die Verfügbarkeit über den eigenen Körper und ihr Recht auf freie Partnerwahl. An einer Übereinkunft mit Woyzeck, an einem Beziehungsvertrag etwa, ist ihr nicht gelegen. Im Unterschied zu Woyzeck hat sie ein Vermögen, mit dem sie zu wuchern versucht: ihre erotische Ausstrahlung. Diese ist ihr einziges Potential, mit dem sie unter Umständen einen sozialen Aufstieg erreichen kann. Unter diesem Aspekt [...] ist Maries Liaison mit dem Tambourmajor [...] nicht nur eine private Liaison, sondern auch ein sozialer Ausbruchsversuch mit Hilfe der Sexualität. [...] Ihr Begehren richtet sich auf den virilen[2] Tambourmajor, und darüber hinaus hofft sie auf ein besseres Leben. Die Gefahren, die bei ihrem Ausbruchsversuch auf Marie lauern, sind allerdings nicht zu unterschätzen. Statt zum erhofften sozialen Aufstieg kann eine allzu oft genutzte erotische Wirkung im Gegenteil auch zu einem weiteren Abstieg führen. [...] Auch Marie sagt bereits am Schluss der Ohrringszene von sich selbst: „ich bin doch ein schlecht Mensch. Ich könnt' mich erstechen." Sie weiß, dass sie Woyzeck hintergeht, will sich aber letztlich doch nicht beugen: „Ach! Was Welt? Geht doch Alles zum Teufel, Mann und Weib." Im Übergang vom Anspruch, „ein Mensch" zu sein, zur Selbstbezichtigung, „ein schlecht Mensch" zu sein, bis zum fatalistisch übersteigerten Zusammenbruch aller Werte zeigt Büchner das innere Hin- und Hergerissensein der Marie.

---

[1] sexuelles Verhältnis
[2] ausgeprägt oder betont männlich

1 GEORG BÜCHNER: „WOYZECK"

Erster Schritt: Die Aufgabenstellung verstehen

1 Lesen Sie die Aufgabenstellung. Markieren Sie die Operatoren und wichtige Aspekte.

> **Info** **Erörterung eines Sachtextes mit Bezug auf einen literarischen Text**
>
> Grundlage für die Erörterung eines Sachtextes mit Bezug auf einen literarischen Text ist ein Sachtext, der sich z. B. mit einer literaturwissenschaftlichen oder philosophischen Frage befasst. Das kann z. B. ein wissenschaftlicher Text, aber auch eine Rezension sein. Die in diesem Sachtext vertretenen Thesen werden zunächst untersucht und in einem zweiten Schritt mit Blick auf den literarischen Text erörtert.

2 Kreuzen Sie an: Was wird in der Aufgabenstellung von Ihnen verlangt?

Erster Aufgabenteil: Ich soll ...
☐ eine Inhaltsangabe zu Graczyks Text verfassen.
☐ die zentralen Aussagen des Textes darstellen.
☐ einleitend Titel, Autorin, Textsorte, Erscheinungsjahr und Thema des Textes nennen.

Zweiter Aufgabenteil: Ich soll ...
☐ eine Inhaltsangabe zu den wesentlichen Handlungslinien im „Woyzeck" verfassen.
☐ erörtern, inwiefern Marie zum krankhaften Zusammenbruch Woyzecks beiträgt.
☐ die Figur Marie charakterisieren.
☐ erörtern, inwiefern die Figur Marie ein Individuum mit eigenständigen Lebensinteressen darstellt.
☐ ein aus der Argumentation resultierendes Fazit formulieren.
☐ eine sachliche und textbezogene Argumentation verfassen.

3 Klären Sie die Gewichtung der Aufgabenteile. Auf welchem Aufgabenteil sollte der Schwerpunkt Ihrer Arbeit liegen? Notieren Sie in Ihrem Kursheft.

Zweiter Schritt: Erstes Textverständnis und Ideen formulieren

4 Klären Sie, worum es im Text geht (▶ erster Aufgabenteil, S. 25).
Lesen Sie den Text dazu gründlich und aktiv, d. h. mit einem Stift in der Hand.
Konzentrieren Sie sich dabei auf Ihre Leseabsicht entsprechend der Aufgabenstellung.

5 Annette Graczyk befasst sich in ihrem Text mit der literaturwissenschaftlichen Deutung der Figur Marie im Dramenfragment „Woyzeck". Schreiben Sie in Ihr Kursheft,
– was Ihnen spontan zu Büchners Darstellung der Figur Marie im Dramenfragment und ihrer Wirkung einfällt,
– wie Graczyk die Figur Marie im Unterschied zu gängigen literaturwissenschaftlichen Perspektiven deutet.

6 Halten Sie Ihre ersten Ideen für Ihre Erörterung (▶ zweiter Aufgabenteil, S. 25) im Kursheft fest.
Einerseits kann Marie für den Zusammenbruch Woyzecks verantwortlich gemacht werden, da ...
Betrachtet man jedoch den Zustand Woyzecks, der aufgrund des Erbsenexperiments ...

Dritter Schritt: Den Text analysieren und die Erörterung vorbereiten

7 Welche Formulierung benennt das Thema von Graczyks Text richtig? Kreuzen Sie an:

☐ Die einseitige literaturwissenschaftliche Deutung der Figur Marie verhindert den Blick auf sie als Individuum mit eigenständigen Lebensinteressen.

☐ Die Bedeutung der Figur Marie im Hinblick auf Woyzecks zunehmenden Wahnsinn wird in literaturwissenschaftlichen Texten nicht genügend berücksichtigt.

☐ Der soziale Hintergrund der Figur Marie findet in literaturwissenschaftlichen Texten zu wenig Beachtung.

8 Verschaffen Sie sich einen Überblick über den Textaufbau und rekapitulieren Sie Ihr Textverständnis, indem Sie die zentralen Aussagen abschnittsweise in eigenen Worten wiedergeben. Sie können den Wortspeicher nutzen.

Marie als weiteres Opfer der „männlichen Hierarchie der Unterdrückung" • Marie als untreue Lebensgefährtin, die zum Zusammenbruch Woyzecks beiträgt • eindimensionale Auffassung der Figur • Marie als eigenständige Persönlichkeit • Herausforderungen, denen Marie sich stellen muss • ledige Mutter • ohne Status einer gesetzlich geschützten Ehefrau • finanzielle Nöte • muss ihre Selbstständigkeit verteidigen • nutzt ihre erotische Ausstrahlung, um sozialen Aufstieg zu erreichen • Gefahr des sozialen Abstiegs • moralische Skrupel • behauptet ihre Rechte als weiblicher Mensch • beansprucht sexuelle Freiheit • Zerrissenheit der Figur

Die Literaturwissenschaftlerin Annette Graczyk stellt zu Beginn des Textes die These auf, dass Marie innerhalb der Büchnerforschung zwar neben der Figur Woyzeck als ein weiteres Opfer der „männlichen Hierarchie der Unterdrückung" (Z. 1 f.) anerkannt werde, dass dieser Ansatz alleine jedoch unzulänglich sei, um die Figur in ihrer ganzen Individualität zu verstehen.

9 **a** Handelt es sich bei der Figur Marie um eine „Hure" (Z. 9), die lediglich eine Figur neben anderen ist, die für den psychischen Zusammenbruch Woyzecks verantwortlich sind, oder um ein Individuum mit eigenständigen Lebensinteressen? Halten Sie Ihre Ideen zur Lösung des zweiten Aufgabenteils (▶ Aufgabenstellung S. 25) in der nachfolgenden Tabelle fest. Beziehen Sie sich auf Textstellen, auf die Sie in Ihrer Erörterung verweisen können.

Marie als eine der Figuren, die für Woyzecks Zusammenbruch verantwortlich sind	Marie als eigenständiges Individuum
hört Woyzeck nicht richtig zu	*lebt in Armut und versucht dieser zu entkommen: „ich bin nur ein arm Weibsbild" (Szene „Kammer – Marie sitzt, ihr Kind auf dem Schoß, ein Stückchen Spiegel in der Hand")*
belügt Woyzeck: „Ein Ohrringlein; hab's gefunden." (Szene „Kammer – Marie sitzt, ihr Kind auf dem Schoß, ein Stückchen Spiegel in der Hand")	

b Fassen Sie Ihre Überlegungen zum zweiten Aufgabenteil im Kursheft zusammen, indem Sie die Darstellung der Marie im Dramenfragment erörtern. Aufgrund welcher Aussagen, Einstellungen oder Taten ist sie verantwortlich für Woyzecks psychischen Zusammenbruch? Inwiefern versucht sie lediglich Ihren Wünschen und Hoffnungen nachzukommen? Was tragen die anderen Figuren durch ihre Aussagen, Einstellungen oder Taten zu Woyzecks Zusammenbruch bei?

Vierter Schritt: Den Schreibplan erstellen und den Text schreiben

10 Entwerfen Sie einen Schreibplan, indem Sie die folgenden Arbeitsschritte durch Nummerierung in eine sinnvolle Reihenfolge bringen. **Tipp:** Nutzen Sie als Strukturierungshilfe die Aufgabenstellung (▶ S. 25).

- [ ] erörtern, inwiefern Marie verantwortlich für den Zusammenbruch Woyzecks gemacht werden kann
- [ ] eine Schlussfolgerung auf der Basis meiner Unterrichtskenntnisse zum zweiten Aufgabenteil formulieren
- [ ] Graczyks Text in einer aufgabenbezogenen Einleitung mit zentralen Angaben wie Autorin, Titel, Textsorte, Erscheinungsjahr vorstellen
- [ ] erschließen, wie Graczyk die Darstellung der Figur Marie deutet und welche Konsequenzen sich daraus für die Figur ergeben
- [ ] Textbelege innerhalb der Erörterung für meine einzelnen Argumente angeben
- [ ] eine aufgabenbezogene Überleitung mit Bezug zum Sachtext und zu „Woyzeck" formulieren
- [ ] das zentrale Thema von Graczyks Text benennen (einseitige literaturwissenschaftliche Deutung der Figur Marie verhindert den Blick auf sie als Individuum mit eigenständigen Lebensinteressen) und mit Hilfe der wichtigsten Aussagen einen Überblick über den Textaufbau geben
- [ ] eine Schlussfolgerung auf der Basis meiner Unterrichtskenntnisse zum ersten Aufgabenteil formulieren

11 Verfassen Sie nun die Erörterung in Ihrem Kursheft. Beachten Sie die Hinweise in der Aufgabenstellung (▶ S. 25) und die Gewichtung der Teilaufgaben (▶ S. 26, Aufg. 3). Sie können die folgenden Formulierungsbausteine verwenden. Auch das Kohärenzrad und die Regeln zum richtigen Zitieren (▶ hintere innere Umschlagseite) können eine Hilfestellung geben.

Formulierungsbausteine — Einen Sachtext mit Bezug auf einen literarischen Text erörtern

- **Erster Aufgabenteil (Sachtextanalyse):**
  Im vorliegenden Text thematisiert die Autorin …
  Die Autorin vertritt die These / ist der Ansicht, dass …
  Zunächst legt sie … dar. Dann nimmt sie Bezug auf …
  Dabei stützt sie sich auf …
  Zusammenfassend lässt sich festhalten, dass …
- **Überleitung:**
  Die Ausführungen von … sollen nachfolgend erörtert werden, indem …
  … gilt es zu untersuchen
- **Zweiter Aufgabenteil (Erörterung):**
  Mit Blick auf die Figur Marie kann angeführt werden, dass …
  Berücksichtigt man, dass …
  Dafür spricht (auch), dass …
  Allerdings kann einschränkend gesagt werden, dass …
  Diese Figurenzeichnung verdeutlicht zudem …, da …
  Stellt man einen Bezug zur Wirkungsabsicht des „Woyzeck" her, so zeigt sich, dass Marie allgemein …
- **Fazit:**
  Als Fazit meiner Überlegungen lässt sich festhalten, dass …
  Meiner Einschätzung nach …

Fünfter Schritt: Den eigenen Text überarbeiten

12 Überarbeiten Sie Ihren Text mit Hilfe der folgenden Checkliste.

Checkliste — Einen Sachtext mit Bezug auf einen literarischen Text erörtern

- Ist Ihre Erörterung klar gegliedert und sprachlich korrekt?
- Enthält Ihre Einleitung Angaben zu Autorin, Titel, Textsorte, Erscheinungsdatum und zum Thema bzw. zur zentralen These des Textes?
- Werden zentrale Aussagen des Textes (hier: Graczyks Text) in ihrem gedanklichen Zusammenhang mit eigenen Worten wiedergegeben?
- Haben Sie eine Überleitung verfasst, die Bezüge zwischen der ersten und zweiten Teilaufgabe herstellt und das weitere Vorgehen erläutert?
- Haben Sie in der Erörterung die Thesen des Sachtextes (hier: Graczyks Text) auf einen literarischen Sachverhalt (hier: Deutung der Figur Marie als Individuum mit eigenständigen Lebensinteressen) angewendet?
- Haben Sie Ihre Ausführungen mit einem zusammenfassenden Fazit beendet?
- Haben Sie Ihre Sätze gedanklich schlüssig miteinander verknüpft?
- Haben Sie korrekt zitiert und bei Paraphrasen den Konjunktiv bei indirekter Rede verwendet?
- Haben Sie abschließend Ihren Text auf Rechtschreibung, Grammatik und Zeichensetzung überprüft?

13 Notieren Sie abschließend die Aspekte, auf die Sie bei der nächsten Erörterung achten wollen.

_____

_____

_____

2 Arno Geiger: „Unter der Drachenwand"

2.1 Vor und während der Lektüre

Seitenangaben zum Roman beziehen sich auf:
Arno Geiger: Unter der Drachenwand. dtv: München 2019. Die Ausgabe ist seitengleich mit der Originalausgabe des Carl Hanser Verlags (2018).

1 Stellen Sie sich vor, Sie mussten Ihre Heimat und Ihr gewohntes Umfeld gezwungenermaßen verlassen und kehren erst nach vier Jahren zurück. Außer gelegentlichen Briefen und seltenen, kurzen Besuchen haben Sie keinen Kontakt zu den Menschen, die Sie zurücklassen mussten.

    a   Notieren Sie spontan, was sich verändert haben könnte. Welche Hoffnungen und Ängste verbinden Sie mit der Vorstellung Ihrer Rückkehr in die Heimat?

    b   Tauschen Sie sich über Ihre Vorstellungen aus.

2 Lesen Sie die ersten beiden Kapitel des Romans. Untersuchen Sie, wie der Soldat Veit seine schwere Verwundung, die erste Zeit danach und seine Rückkehr in die Heimat empfindet. Ergänzen Sie die Tabelle in Ihrem Kursheft.

Station	Empfindungen	Textbeleg
im Lazarett / auf der Reise nach Wien	– *Erleichterung, Freude* – …	– „*Das unbeschreibliche, mit nichts zu vergleichende Gefühl, überlebt zu haben. […] Was kann es besseres geben, als am Leben zu bleiben.*" *(S. 7f.)* – …
in Wien angekommen	– …	– …

3 Vergleichen Sie Ihre Überlegungen aus Aufgabe 1 mit den Empfindungen des Soldaten. Tauschen Sie sich im Kurs darüber aus, ob Sie diese nachvollziehen können. Diskutieren Sie mögliche Gründe für Unterschiede und Gemeinsamkeiten.

4 Viele der Figuren im Roman sind zeitweise unfreiwillig von ihrer Heimat und ihren Familien getrennt. Achten Sie während der Lektüre darauf, welche Wirkung diese Trennung jeweils auf die Figuren hat und welche Folgen sie in emotionaler und sozialer Hinsicht nach sich zieht.

Methode — Lektürebegleitverfahren einsetzen

Lektürebegleitverfahren helfen dabei, eine umfangreiche Lektüre **strukturiert** zu erschließen, um sich auch noch Tage und Wochen nach dem ersten Lesen an Details zu erinnern. Dafür fertigen Sie während des Lesens regelmäßig Notizen an, auf die Sie später zurückgreifen können. Zwei Lektürebegleitverfahren bieten sich an:
- Für eine **Kapitelübersicht** notieren Sie kapitelweise **wesentliche Inhalte**, zentrale **Zitate** und Auffälligkeiten in der **Gestaltung des Textes**. Dieses Verfahren bietet eine klare Struktur, fasst das Wesentliche zusammen und hilft Ihnen dabei, den Überblick zu behalten.
- Alternativ oder ergänzend können Sie ein **Lektüretagebuch** anlegen. Darin schreiben Sie parallel zur Lektüre Ihre **Gedanken und Gefühle** auf. Auch **Schwierigkeiten und Fragen**, die Sie beim Lesen haben, können hier festgehalten werden. Dieses Verfahren hilft dabei, den Text und das eigene Verstehen zu reflektieren und bei der anvisierten Textanalyse Deutungsansätze zu begründen.

1 Legen Sie eine Kapitelübersicht (▶ Methode) für den Roman an. Übertragen Sie hierzu die Tabelle in Ihr Kursheft und ergänzen Sie sie während der Lektüre.

Seitenangabe	Kapitel (Perspektive)	wesentliche Inhalte und Auffälligkeiten in der Gestaltung
S. 7–21	Im Himmel, ganz oben (Veit)	– Veit Kolbe erwacht verwundet auf dem Feld in Dnjepr – Glücksgefühl, überlebt zu haben – Lazarettaufenthalt in … – graue Todesfarbe gegenüber weißem Lazarett (Farbmetaphorik) – …
S. 22–31	Seit meinem letzten Aufenthalt (Veit)	– Veit kehrt zurück nach Wien – Konflikte mit seinem Vater über den Krieg – „Ich hatte den Irrsinn der Front mit dem Irrsinn der Familie vertauscht." (S. 29) – …
…	…	…

2 Formulieren Sie möglichst unmittelbar nach Abschluss der Lektüre Ihren ersten Eindruck. Gehen Sie dabei auf die erzeugte Atmosphäre und Ihre Empfindungen beim Lesen ein. Schreiben Sie in Ihr Kursheft.

3 Untersuchen Sie während des Lesens die zeitliche Struktur des Romans von Veits Ankunft in Mondsee im Januar 1944 bis zu seiner Rückkehr an die Front im Dezember 1944. Übernehmen Sie das Schaubild in Ihr Kursheft und gehen Sie folgendermaßen vor:
  a Achten Sie bei der Lektüre insbesondere auf Ortswechsel, Naturbeschreibungen und deren Zusammenhang mit Veits Gefühlswelt.
  b Ordnen Sie diese stichwortartig dem Jahresverlauf zu.
  c Ergänzen Sie Ihre Notizen um sich wiederholende Ereignisse (z. B. Veits Anfälle, seine Besuche bei den Eltern, seine Untersuchungen).

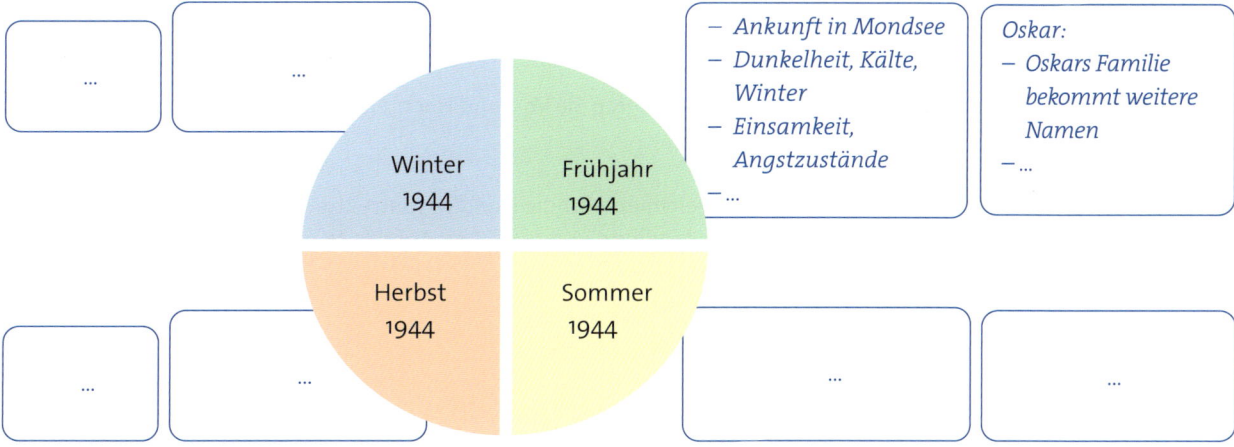

4 Unterstreichen Sie die Zeitangaben in den Kapiteln aus der Perspektive von Margots Mutter Lore, Nannis Freund Kurt und dem Juden Oskar Meyer. Ergänzen Sie für die Figuren wichtige Ereignisse in Ihrem Schaubild.

2.2 Die Handlung

Die verschiedenen Handlungsstränge visualisieren

> **Info** **Handlung und zeitliche Abfolge**
>
> Die Handlung eines epischen Textes kann **chronologisch**, d. h. kontinuierlich (linear) in ihrer zeitlichen Abfolge erzählt werden oder diskontinuierlich in Form von **Rückblenden** und **Vorausdeutungen**. Zu unterscheiden ist auch zwischen verschiedenen **Handlungsebenen**. Neben der Ebene der **äußeren Handlung**, der Kette der Ereignisse, in der von den Aktionen der Figuren berichtet wird, gibt es die Ebene der **inneren Handlung**, dem Geschehen, das im Bereich der Erinnerungen, Zukunftspläne, Fantasien, Träume etc. der Figuren abläuft. Eine Komplexität im Handlungsgefüge kann nicht nur durch die Kombination dieser Ebenen erreicht werden, sondern auch durch den **Zusammenschnitt mehrerer Parallelhandlungen** auf der äußeren Handlungsebene.

1 Entwickeln Sie in Kleingruppen eine übersichtliche Visualisierung der verschiedenen Handlungsstränge des Romans.
   a Notieren Sie ausgehend von der Haupthandlung die wesentlichen Nebenhandlungsstränge. Legen Sie hierzu je Handlungsstrang eine Karte an, auf der Sie die wichtigsten Informationen zu Figuren und Orten vermerken.

Handlungsstrang:
Das verschwundene Mädchen

Figur(-en):
Annemarie Schaller, genannt Nanni

Handlungsorte:
im Lager, im Gebirge

   b Wo in der äußeren Handlung (▶ Information) sind die Handlungsstränge miteinander verwoben? Nutzen Sie zur Erstellung einer Übersicht die folgende Tabelle sowie Ihre Kapitelübersicht (▶ Aufgabe 1, S. 31).

Handlungsstrang (Haupthandlung H / Nebenhandlung N)	Verknüpfungen zu anderen Handlungssträngen (mit Kapitelangabe)
Die Geschichte des Soldaten Veit Kolbe	– Begegnung mit Annemarie Schaller, dem verschwundenen Mädchen aus dem Lager (S. 60–71; S. 126–149)
…	…

   c Gestalten Sie eine Übersicht über die wichtigsten Handlungsstränge des Romans, indem Sie Ihre erstellten Karten auf einem Plakat oder einer Stellwand anordnen. Ergänzen Sie zur Veranschaulichung weitere Elemente wie Pfeile, Beschriftungen etc.
   d Präsentieren Sie Ihre Ergebnisse im Kurs. Diskutieren Sie Vor- und Nachteile der verschiedenen Visualisierungen.

2 Formulieren Sie zusammenfassend, was kennzeichnend für die Handlungsstruktur des Romans ist. Beziehen Sie sich dabei auf die fett gedruckten Begriffe zur Handlung und zeitlichen Abfolge (▶ Information).

_____

_____

_____

_____

2.3 Die Figuren

Haupt-, Neben- und Randfiguren unterscheiden und charakterisieren

1 Welcher Kategorie, Haupt-, Neben- oder Randfigur, ordnen Sie die Figuren des Romans zu? Kreuzen Sie an.

Kategorie	Veit Kolbe	Oskar Meyer	die Quartierfrau	der Brasilianer	die Mädchen aus Schwarzindien	Lore Neff (Margots Mutter)	die Lehrerin	Kurt Ritler	Annemarie Schaller (Nanni)	Veits Vater	der Onkel	Margot
Hauptfigur	✗	☐	☐	☐	☐	☐	☐	☐	☐	☐	☐	☐
Nebenfigur	☐	☐	☐	☐	☐	☐	☐	☐	☐	☐	☐	☐
Randfigur	☐	☐	☐	☐	☐	☐	☐	☐	☐	☐	☐	☐

2 Diskutieren Sie Ihre Zuordnungen in Kleingruppen und notieren Sie jeweils Kriterien für die Unterscheidung von Haupt-, Neben- und Randfiguren.

Kriterien für Hauptfiguren	Kriterien für Nebenfiguren	Kriterien für Randfiguren
spielt die zentrale Rolle		

Elke Platz-Waury: **Figur** (1997)

Figuren zeigen sich in der Synthese[1] aller im Verlauf des Textes vergebenen Informationen als „statisch" oder „dynamisch". Ein geringer Merkmalsatz von Wesenszügen macht sie „flach", d. h. eindimensional, eine Vielzahl von Eigenschaften und Verhaltensweisen „rund" bzw. komplex. Die offen konzipierte Figur (Leerstelle) schafft wegen der Unvollständigkeit der Informationen poetische Ambiguität[2]; die geschlossene Figur ist dagegen im Kontext des literarischen Werkes vollständig präsentiert und damit eindeutig.
Alle Informationen lassen sich unter dem Terminus Figurencharakterisierung fassen. Die Informationsvergabe erfolgt dabei entweder „auktorial" auf der Ebene der Erzählinstanz oder „figural" auf der Ebene der redenden und handelnden Personen (mit unterschiedlichen Auswirkungen auf die Zuverlässigkeit der Information). Besonders in Erzähltexten ist darüber hinaus die „explizite" von der „impliziten" Figurencharakterisierung zu unterscheiden. [...] Die „redenden Namen" (Onomastik) sind wichtige implizit-auktoriale Hinweise, ebenso Korrespondenz- bzw. Kontrastrelationen zu anderen Figuren.

---
1 Synthese: Zusammenstellung, Vereinigung mehrerer Elemente
2 Ambiguität: Mehr-, Doppeldeutigkeit

3
a Markieren Sie im Text Analysekriterien, die für die Charakterisierung von Figuren genutzt werden können.
b Vergleichen Sie diese Analysekriterien mit Ihren Kriterien aus Aufgabe 2. Schreiben Sie in Ihr Kursheft.
c Prüfen Sie Ihre in Aufgabe 1 vorgenommenen spontanen Zuordnungen.

4 Verfassen Sie eine Figurencharakterisierung zu Kurt Ritler. Nutzen Sie hierfür die erarbeiteten Analysekriterien.
Tipp: Berücksichtigen Sie die folgenden Textstellen: S. 97–110, 230–244, 384–398, 445–449.

Veit Kolbe – Die Entwicklung der Hauptfigur aspektorientiert untersuchen

1 Ordnen Sie den Textauszug in die Handlung des Romans ein und beschreiben Sie Veits Zustand zu diesem Zeitpunkt.

> Zu Hause wusch ich mich, und als ich die Narben an meinem rechten Bein sah, kamen sie mir fremd vor, ich konnte mich nicht daran erinnern, dass mir diese Verletzungen zugestoßen waren. Und vor allem konnte ich es nicht glauben: Bin ich das gewesen? Ich, der …? (S. 427)

2 Lesen Sie noch einmal die Seiten 437–442 und untersuchen Sie, inwiefern sich die in der Tabelle genannten Aspekte für Veit seit Beginn der Handlung verändert haben. Ergänzen Sie die Tabelle.

Aspekt	Veränderungen	Textbeleg
körperliche Veränderungen	– Anfälle, Kopfschmerzen, Sehstörungen, Tablettenabhängigkeit	„Von den Kopfschmerzen bekomme ich Sehstörungen." (S. 440) „Beim Entgegennehmen des Vorrats überkam mich ein richtiger Hass gegen diese Tabletten. Aber im Moment brauchte ich sie, leider." (S. 441)
psychische Veränderungen		
Veränderungen der Einstellungen		
Veränderungen der Handlungsweise		
soziale Veränderungen		

3 Erörtern Sie, ob und inwiefern Veit im Zuge der Handlung eher einen Regenerations- oder Degenerationsprozess durchläuft.

Die Figurenkonstellation darstellen

> **Info** **Korrespondenz- und Kontrastrelationen**
>
> Unter **Korrespondenz- und Kontrastrelationen** versteht man in der Literaturwissenschaft das Verhältnis von Figuren zueinander in ihrer **Funktion** für den Text. Figuren korrespondieren in diesem Sinne miteinander, wenn sie in wichtigen Punkten **Entsprechungen** aufweisen, z. B. für dieselben Werthaltungen stehen oder sich in einer **vergleichbaren Situation** befinden. Dagegen kontrastieren Figuren, wenn sie **gegensätzliche Eigenschaften, Einstellungen, Lebenssituationen oder Strategien** zur Bewältigung von Krisen aufweisen.
> Je nachdem, welchen Aspekt man zum Vergleich heranzieht, kann eine Figur mit mehreren anderen Figuren korrespondieren bzw. kontrastieren. Figuren lassen sich unter einem solchen Vergleichsaspekt auch zu Gruppen zusammenfassen, z. B. „angepasst" vs. „widerständig", „reich" vs. „arm" oder „ehrlich" vs. „verschlagen".

1 Entwickeln Sie in Kleingruppen ein Plakat zur Figurenkonstellation des Romans.
  a Entscheiden Sie in Ihrer Gruppe zunächst, welche Figuren Sie in Ihre Darstellung einbeziehen wollen. Bedenken Sie z. B. deren Bedeutung für den Handlungsverlauf sowie deren Vernetzung mit anderen Figuren oder ob Korrespondenz- und Kontrastrelationen (▶ Information) bestehen.
  b Erstellen Sie für jede Figur eine Karte mit den wichtigsten Merkmalen.
  c Erarbeiten Sie die Figurenkonstellation (▶ Methode) und übertragen Sie Ihre Ergebnisse auf ein Plakat.
     Hinweis: Sie können sich zu Beginn an der Beispieldarstellung unten orientieren.

> **Methode** **Figurenkonstellation**
>
> Um eine **Figurenkonstellation** zu veranschaulichen, können Sie so vorgehen:
> - Ordnen Sie die Figuren, die eine enge Beziehung haben, nah beieinander an.
>   Ordnen Sie die Figuren, die Distanz zueinander haben, weiter entfernt voneinander an.
> - Kennzeichnen Sie die Art der Beziehung durch Pfeile in unterschiedlichen Farben:
>   – *grün* → gute Beziehung
>   – *rot* → schlechte Beziehung
>   – *gelb* → Beziehung, die wechselhaft ist oder sich im Lauf des Romans verändert
> - Schreiben Sie an die Pfeile zusätzliche Angaben zur Art der Beziehung, z. B „Freundschaft", „unterstützt sie". Versuchen Sie die Beziehungspfeile knapp aber aussagekräftig zu kommentieren.
> - Verwenden Sie einen Doppelpfeil, wenn die Beziehung gegenseitig ist.

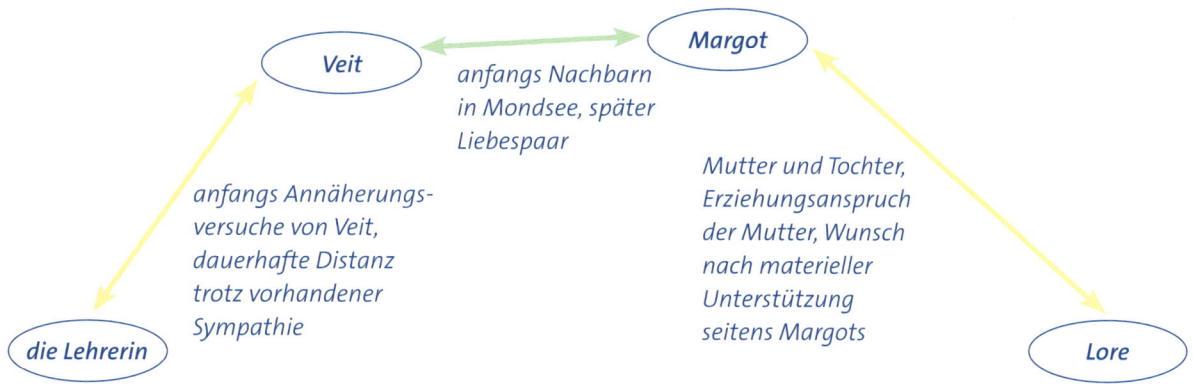

  d Präsentieren Sie Ihre Ergebnisse im Kurs. Vergleichen und diskutieren Sie, auf welchem Plakat die Korrespondenz- und Kontrastrelationen besonders gut dargestellt sind.

Schicksale zwischen Kriegs- und Heimatfront

> **Info** **Kriegs- und Heimatfront**
>
> Seit dem Ersten Weltkrieg wird der Begriff der **Front** bzw. **Kriegsfront** als Bezeichnung für eine Gefechtslinie oder Kampfzone verwendet. Hier stehen sich die Soldaten zweier Länder direkt gegenüber.
> Der Krieg betrifft nicht nur die Soldaten an der Front, sondern auch die zivile Bevölkerung an der **Heimatfront**. Dort werden die Menschen einerseits in ihrem täglichen Leben durch die Knappheit von Ressourcen, neue Bestimmungen, Bombenangriffe etc. eingeschränkt und zugleich müssen sie alle Arbeiten übernehmen, die das **alltägliche Leben sicherstellen**: das Austragen der Post, das Säen und Ernten, die Arbeit in Munitions- und Rüstungsfabriken, das Sicherstellen des öffentlichen Personennahverkehrs, die medizinische Versorgung von Verwundeten etc. Im Zweiten Weltkrieg wurden diese Tätigkeiten meist von Frauen ausgeübt, obwohl die damit verbundenen Berufe vor Beginn des Krieges Männern vorbehalten waren.

1 Ordnen Sie die Figuren aus dem Wortspeicher zwischen Kriegsfront, Heimatfront (▶ Information) und dahinter ein. Sie können Namen auch doppelt eintragen und mit Pfeilen versehen. Begründen Sie Ihre Entscheidung stichwortartig neben dem jeweiligen Namen.

Margot • Margots Mutter Lore • Margots Schwester Bettine • Nannis Mutter • Veit •
Onkel Johann • Kurt • Kurts Bruder Erhard • Margots Vater • Veits Eltern • Kurts Eltern

Kriegsfront	Heimatfront	

2 Führen Sie zum Thema „Schicksale zwischen Kriegs- und Heimatfront" ein Gruppenpuzzle (▶ Methode) durch.
  a Tauschen Sie sich in Ihrer Stammgruppe über Ihre Ergebnisse aus Aufgabe 1 aus.
  b Entscheiden Sie in Ihrer Stammgruppe, wer jeweils die Aufgaben zu Veit, Kurt und Lore (▶ Aufgaben 3–5, S. 37) bearbeitet.
  c Verlassen Sie Ihre Stammgruppe und finden Sie sich in Expertengruppen zur jeweiligen Figur zusammen. Bearbeiten Sie in der Expertengruppe die Aufgaben zu Ihrer Figur.
  d Finden Sie sich wieder in den Stammgruppen zusammen und stellen Sie sich gegenseitig Ihre Ergebnisse vor.
  e Ergänzen Sie das Schaubild (▶ Aufgabe 1) um die vorherrschenden Gefühle an Kriegsfront, Heimatfront und dahinter.

> **Methode** **Gruppenpuzzle**
>
> **Phase 1:** Bilden Sie Stammgruppen und teilen Sie die Aufgaben bzw. Aspekte eines Themas untereinander auf.
> **Phase 2:** Verlassen Sie Ihre Stammgruppe und finden Sie sich in Expertengruppen zusammen, deren Mitglieder nun gemeinsam einen Aspekt erarbeiten. Wichtig: Jedes Mitglied hält den Prozess und die Ergebnisse dieser Expertenarbeit für sich fest, um sie in der nächsten Phase an die ursprüngliche Stammgruppe weiterzugeben.
> **Phase 3:** Gehen Sie wieder in Ihre Stammgruppe zurück und stellen Sie sich gegenseitig Ihre Ergebnisse vor. Sinnvoll ist es, wenn Sie bereits in den Expertengruppen Fragen für die anderen vorbereiten, die diese auf der Basis des Gehörten beantworten sollen. So erfahren Sie, ob Ihre Informationen richtig verstanden wurden.

2.3 DIE FIGUREN

3 **Veit** erlebt zunächst die aktive Kriegsfront und kehrt an die Heimatfront zurück.
  a   Lesen Sie erneut die Seiten 7–21 und markieren Sie, wie sich Veits Gemüts- und Gesundheitszustand sowie seine Sinneswahrnehmungen zwischen Kriegsfront und Heimatfront verändern. Berücksichtigen Sie hierbei besonders seine Sinneswahrnehmungen (Riechen, Schmecken etc.).
  b   Übertragen Sie die folgende Mindmap in Ihr Kursheft und notieren Sie pro Ort fünf Stichworte, mit deren Hilfe Sie Veits Zustand und seine Wahrnehmungen erläutern können.

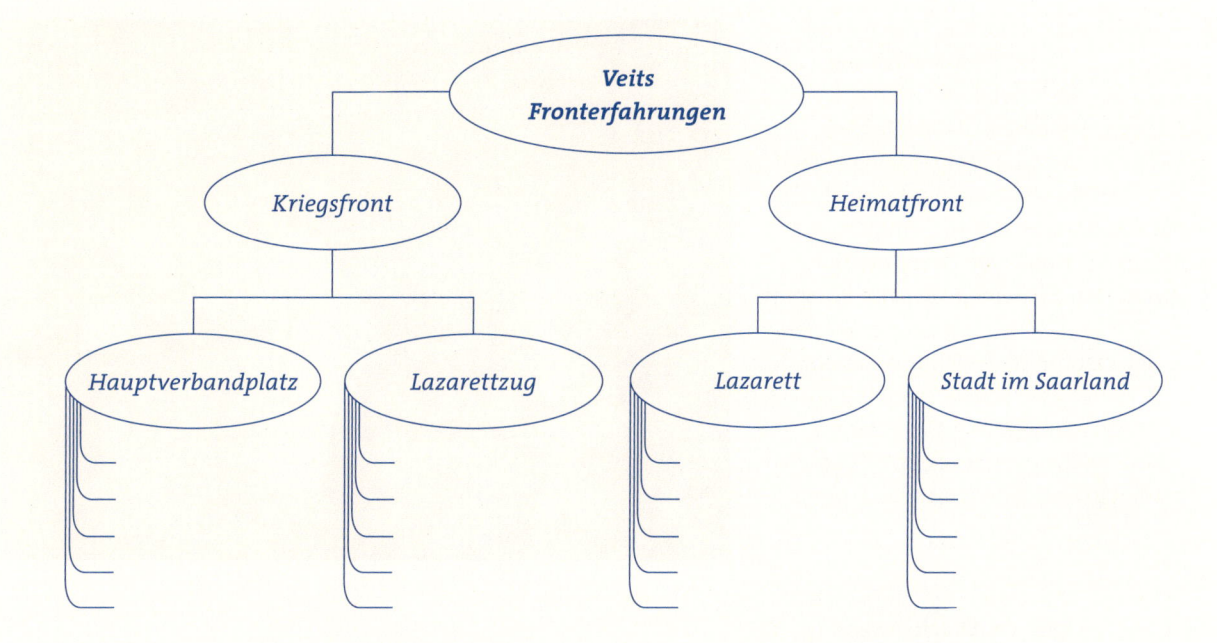

  c   Bei seiner Ankunft in Mondsee denkt Veit: „Das Lazarett war eine Hintertür des Krieges, ich war froh, sie benutzt zu haben." (S. 38). Erläutern Sie diesen Gedanken. Schreiben Sie in Ihr Kursheft.

4 **Kurt** erlebt zunächst die Heimatfront und kommt dann an die Kriegsfront.
  a   Lesen Sie erneut Kurts Brief an Ferdl (S. 384–398) und markieren Sie, welche Gefühle Kurt angesichts der Kriegsfront empfindet und inwiefern diese Gefühle im Kontrast zu seinen Gefühlen gegenüber Nanni stehen.
  b   Fassen Sie in Ihrem Kursheft in jeweils drei bis fünf Stichworten zusammen, welche Gefühle Kurt angesichts der Kriegsfront sowie gegenüber Nanni beschreibt, und legen Sie kurz seine Gründe für diese Gefühle dar.
  c   Erläutern Sie in Ihrem Kursheft, warum Kurt seine Spatentasche so wichtig ist.
       Tipp: Lesen Sie hierzu erneut die Seiten 99 und 242.

5 Margots Mutter **Lore** erlebt die Verhärtungen an der Heimatfront.
  a   Lesen Sie erneut den Brief von Lore (S. 85–96) und markieren Sie Textstellen, an denen der Einfluss des Krieges auf den Alltag und auf die Gefühle der Menschen deutlich wird.
  b   Erläutern Sie anhand Ihrer Markierungen, wie sich welche Charakteristika der Heimatfront (▶ Information, S. 36) im Alltag der Menschen manifestieren. Übertragen Sie die Tabelle in Ihr Kursheft und ergänzen Sie Ihre Ergebnisse.

Deutung (Charakteristika der Heimatfront)	Erläuterung mit Textbeleg
neue Bestimmungen: Enteignung	*Verteilung von 800 Hasen, die anderen Mitbürgern weggenommen wurden (vgl. S. 85)*
…	…

  c   Erläutern Sie anhand Ihrer Markierungen, welche Gefühle das Leben der Menschen an der Heimatfront besonders bestimmen. Notieren Sie in Ihrem Kursheft drei bis fünf Stichworte und begründen Sie diese kurz.

Veit und Margot, Nanni und Kurt – Liebesbeziehungen analysieren und vergleichen

1
a Lesen Sie erneut die Seiten 197–205 und unterstreichen Sie Textstellen, die die Liebesbeziehung zwischen Veit und Margot charakterisieren.
b Diskutieren Sie anhand Ihrer Unterstreichungen, auf welchen Werten die Liebesbeziehung zwischen Margot und Veit beruht. Schreiben Sie in Ihr Kursheft.

2 In einem Interview äußert sich Arno Geiger zu seiner Liebesvorstellung. Erläutern Sie, inwiefern sich diese Liebesvorstellung in der Beziehung zwischen Veit und Margot widerspiegelt. Beziehen Sie sich hierbei auch auf Veits Äußerungen zum Gemälde „Die Bauernhochzeit" von Pieter Bruegel (vgl. S. 198). Schreiben Sie in Ihr Kursheft.

> Liebe ist für mich nichts, was sich in Kerzenlicht und viel rotem Plüsch manifestiert, es geht um Grundsätzliches, was den Alltag trägt. (Arno Geiger, Interview 2019)

Pieter Bruegel der Ältere: Die Bauernhochzeit (um 1568)

Arno Geiger: Unter der Drachenwand (2018)

Als Nanni und ich bei Regen in der für Kanalisationsarbeiten bereitliegenden Betonröhre kauerten, und der Krieg war weit weg, und ich hatte plötzlich, wie schon lange nicht mehr, so ein leichtes Gefühl, als ginge mich alles nichts an. Das bleibt unter uns, Ferdl, du erzählst es nicht weiter, dort habe ich Nanni das erste Mal geküsst, und sie hat einen Lachanfall bekommen. Aber später hat es ihr doch gefallen. / Sie ist dann vor Freude fast geplatzt, und das hat mir so gefallen, ich mochte es, dass sie sich so freuen konnte. / Und am nächsten Tag sagte sie, es wäre schön, das Ganze noch einmal zu machen, es war ihr nicht unangenehm, das zu sagen, sie hatte nicht wie andere diese Angst, sie könnte total peinlich sein. Und da haben natürlich manche geglaubt, sie ist nicht ganz richtig im Kopf.
Ich weiß nicht mehr, was wir geredet haben, aber ich weiß noch, wie ich mich gefühlt habe, so leicht und glücklich, als wäre ich im Leben angekommen, nicht wie sonst immer, wenn ich mir dachte, das gibt mir ein Vorgefühl auf das Eigentliche. (S. 385 f.)

3 Lesen Sie Kurts Liebesreflexion, als er bereits im Kriegseinsatz ist, und unterstreichen Sie seine Gefühle.

4 Vergleichen Sie Kurts Gefühle für Nanni mit jenen von Veit für Margot. Schreiben Sie in Ihr Kursheft.

5 Erläutern Sie, welchen Einfluss der Krieg auf das Empfinden von Liebe und Glück bei Kurt und Veit nimmt.

Onkel Johann – Eine Nebenfigur charakterisieren

1 a Lesen Sie erneut die Seiten 36–39 über Veits ersten Besuch bei seinem Onkel Johann. Untersuchen Sie die Darstellung des Onkels hinsichtlich der folgenden Aspekte und ergänzen Sie die Tabelle.

Untersuchungsaspekt	Information / Textbeleg	Deutung
Aussehen	„grau geworden und [...] an Gewicht zugelegt" (S. 36)	Der Onkel ist alt und träge geworden.
Eigenschaften		
Arbeitseinstellung		
Einstellung zum Krieg		

b Vergleichen Sie Ihre Ergebnisse und diskutieren Sie, welchen ersten Eindruck Sie von Onkel Johann erhalten.

Arno Geiger: **Unter der Drachenwand** (2018)

Er sagte, seine Arbeitsauffassung habe ihr nicht gefallen. Er selbst habe seit jeher nach dem Motto gelebt, dass es seine oberste Amtspflicht sei, sich nicht auszulaugen. Das sei der Tante von Anfang an zuwider gewesen. Sie habe die Ansicht vertreten, ein Mann müsse für sein Geld etwas leisten, ansonsten könne er vor sich selbst keine Achtung haben, geschweige denn eine Frau vor ihm. Und der Onkel sei so tief gesunken, dass er sich nicht einmal für seine Haltung schäme. In den Augen der Tante, so der Onkel, hätte er sich für fünfhundert Reichsmark im Monat ein strapaziöses Arbeitsfeld suchen sollen, aber er habe ihr zu erklären versucht, dass es im Interesse einer Ehe sei, wenn der Mann gut gelaunt und ausgeruht nach Hause komme, hingegen sei es abträglich, wenn er erschöpft und verärgert in einen Sessel falle und kaum noch Muh sagen könne. Seine Frau habe ihm widersprochen, dass eben ein Mann sich nicht gehen lassen dürfe und sich zusammennehmen müsse. Mit anderen Worten, sie habe sich nicht nur als egoistisch erwiesen, sondern auch als dumm, und das habe er ihr in aller Deutlichkeit gesagt. (S. 51 f.)

2 a Untersuchen Sie, warum der Onkel und die Tante sich getrennt haben. Unterstreichen Sie im Textauszug, was die Tante dem Onkel vorwirft. Übertragen Sie die Tabelle in Ihr Kursheft und ergänzen Sie die erste Spalte.

Vorwürfe der Tante	Bestätigung der Vorwürfe	Textbeleg
Seine schlechte Arbeitsauffassung: Onkel leistet nichts für sein Geld ...	Onkel sucht nicht nach der Ursache für das Verschwinden von Nanni ...	S. 153: „solche Sachen passierten einfach von Zeit zu Zeit"; „Damit habe es sich." ...

b Prüfen Sie arbeitsteilig anhand der Seiten 153 f. und 183 f., inwiefern die Vorwürfe der Tante auf Onkel Johann zutreffen. Ergänzen Sie Ihre Ergebnisse mit entsprechenden Textbelegen in der Tabelle.

3 Verfassen Sie auf der Grundlage Ihrer Ergebnisse aus den Aufgaben 1 und 2 eine Charakterisierung von Onkel Johann. Schreiben Sie in Ihr Kursheft.

Notstand oder Verwandtenmord? – Eine moralische Leerstelle problematisieren

1 Notieren Sie die Gedanken und Gefühle, die Sie bei der Lektüre hatten, nachdem Veit seinen Onkel erschossen hat.

_____

_____

_____

_____

_____

2 Erläutern Sie, welche Gründe Veit für seine Tat hatte und wie er die Tat verarbeitet. Lesen Sie hierzu nochmals die Seiten 365–367, 423 und 463. Schreiben Sie ins Kursheft.

3 Diskutieren Sie, ob Veit Kolbe ein Mörder ist. Wählen Sie dafür eine geeignete Diskussionsform (▶ Methode).

Methode Diskussionsformen

Plenumsdiskussion	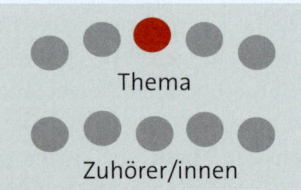	Diskussion im gesamten Kurs: ■ Die Sitzordnung sollte so sein, dass sich alle sehen können. ■ Es sollten 2 Diskussionsleiter/innen ernannt und einige Beobachter/innen bestimmt werden, die das Verhalten einzelner Diskussionsteilnehmer/innen untersuchen ■ Zu Beginn sollte die Diskussionsleitung möglichst gegenteilige Positionen zu Wort kommen lassen.
Podiumsdiskussion	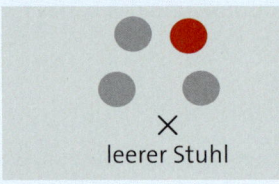	6–8 Teilnehmer/innen (meist Expertinnen/Experten) diskutieren miteinander und beantworten ggf. auch Fragen aus dem Publikum.
Fishbowl-Diskussion	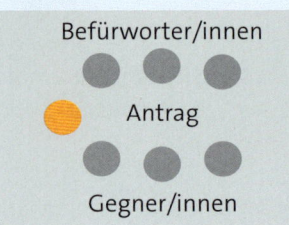	Ein kleiner Kreis von Personen diskutiert. Auf einem leeren Stuhl kann ein/e Zuhörer/in Platz nehmen und sich in die Diskussion einschalten. Die Person muss den Stuhl aber rasch wieder frei machen.
Debatte	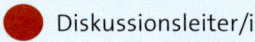	■ Im Mittelpunkt steht meist ein Antrag (wie im Bundestag), der von der/dem Vorsitzenden erläutert wird. ■ Es gibt klare Pro- und Kontra-Positionen, die von zwei etwa gleich großen Gruppen vertreten werden. ■ Das Rederecht wechselt nach jedem Redebeitrag auf die Gegenseite und ist oft zeitlich begrenzt (z. B. 30 Sek.). ■ Alle Diskussionsteilnehmer/innen sollte auch auf Gegenargumente eingehen.

● Teilnehmer/innen ● Diskussionsleiter/in ● Vorsitzende/r

Der heimatlose Oskar – Eine Figurenentwicklung untersuchen

1 a Erarbeiten Sie arbeitsteilig die Veränderungen von Oskar zwischen Januar 1939 (S. 111–128), Februar 1944 (S. 245–262) und November 1944 (S. 399–418). Übertragen Sie die Tabelle in Ihr Kursheft und notieren Sie Ihre Ergebnisse.

Untersuchungsaspekt	Januar 1939	Februar 1944	November 1944
Namensänderungen	*Aus Oskar Meyer wird Oskar Israel Meyer.*	…	…
physische Veränderungen	…		
psychische Veränderungen			
Veränderungen der Einstellung zur Auswanderung			
Veränderungen in der engen Familie			

b Tauschen Sie sich über Ihre Ergebnisse aus und formulieren Sie auf dieser Grundlage, wie Oskars Entwicklung zusammengefasst werden kann. Sie können den Wortspeicher nutzen.

Diskriminierung • Identitätsverlust • Ausweglosigkeit • Entfremdung • Freiheit • Verzweiflung • Hoffnung • Selbstbehauptung • Legalität • Zukunft • Notwendigkeit • Anpassung • Gerücht • Heimatlosigkeit

2 Im Roman haben sowohl Oskar als auch Veit eine Beziehung zur Possingergasse in Wien.
  a „Nicht einmal die Possingergasse hätte ich, wenn es möglich gewesen wäre, in die Hosentasche stecken und mitnehmen wollen." (S. 126) Erläutern Sie, warum Oskar so denkt und fühlt. Beziehen Sie sich dabei auf die Seiten 112–114. Schreiben Sie in Ihr Kursheft.
  b Lesen Sie die Seiten 20, 47 und 222 und vergleichen Sie Veits Beziehung und Gefühle zur Possingergasse mit Oskars Beziehung und Gefühlen zur Possingergasse. Schreiben Sie in Ihr Kursheft.

3 Deuten Sie die Begegnung zwischen Oskar und Veit am Ende des Romans. Lesen Sie die Seiten 450–454 erneut und bereiten Sie eine Fishbowl-Diskussion (▶ Methode, S. 40) zu der Frage vor, ob Oskar und Veit sich erkennen. Beziehen Sie auch Ihre Ergebnisse aus Aufgabe 1 und 2 zur Entwicklung Veits (▶ S. 34) sowie Ihre gesamten Kenntnisse des Romans in die Diskussion mit ein. Folgende Fragen können Ihnen bei der Vorbereitung helfen:
  – Wie reagiert Oskar auf Veits Anblick (vgl. S. 452)? Welche Gründe gibt es für seine Reaktion?
  – Inwiefern ist Oskars Reaktion gegenüber Veit berechtigt oder unberechtigt?
  – Wie deuten Sie die Beschreibung Oskars als „ein namenloser Sterblicher" (S. 452)?
  – Inwiefern trägt Veit (keine) Verantwortung für das Schicksal Oskars?

2.4 Der Ort der Handlung

Mondsee – Ein Ort der Verheißung?

> **Info** **Ort der Handlung**
>
> Die **Orte** bzw. **Schauplätze** der Handlung von Erzähltexten wecken immer bestimmte Assoziationen bei der Leserin / beim Leser und tragen wesentlich zum Textverständnis bei. Folgende Aspekte sind bedeutsam:
> - Welche Orte bzw. Schauplätze spielen eine Rolle im Handlungsverlauf? Wie werden sie beschrieben? Welche **Atmosphäre** vermitteln sie? Sind sie **gegensätzlich gestaltet?**
> - Spielen **räumliche Grenzen bzw. Verbindungen** eine zentrale Rolle im Handlungsverlauf, z. B. Tore, Mauern, Brücken?
> - Wie ist das **Verhältnis von Ort, Figuren und Handlung** gestaltet? Sind den Figuren bestimmte Schauplätze zugeordnet? Werden räumliche Grenzen von Figuren überschritten?
> - **Verändern** sich Schauplätze im Handlungsverlauf?

1 a Lesen Sie arbeitsteilig Veits Beschreibungen vom Ortszentrum von Mondsee (S. 35 f., 228 f. und 462). Arbeiten Sie jeweils heraus, wie Veit Mondsee wahrnimmt und inwiefern diese Wahrnehmung mit seiner emotionalen Situation korrespondiert. Übernehmen Sie die Tabelle in Ihr Kursheft und notieren Sie dort Ihre Ergebnisse.

Seite	Wahrnehmung	Beleg	Deutung
35 f.	*Mondsee als widersprüchlicher Ort*	*Schloss und Pfarrkirche „zu groß geraten"; „dissonante Atmosphäre" aufgrund unterschiedlicher Uhrzeiten auf den Kirchtürmen*	*Veit ist unsicher, ob Mondsee für ihn ein Ort des Wohlfühlens oder des andauernden Unwohlseins sein wird.*
228 f.			
462			

b Tauschen Sie sich über Ihre Ergebnisse aus und ergänzen Sie ggf. Ihre Tabelle. Erläutern Sie anschließend, inwiefern die jeweilige Wahrnehmung von Mondsee durch Veits vorangegangene Erlebnisse geprägt ist. Nehmen Sie hierbei den Roman zu Hilfe und notieren Sie Ihre Ergebnisse im Kursheft.

c Begründen Sie, weshalb Veit Mondsee bei seiner Ankunft als „Ort der Verheißung" (S. 35) erscheint. Schreiben Sie in Ihr Kursheft.

2 Untersuchen Sie die Bedeutung der räumlichen Wohnsituation von Veit und Margot.

a Skizzieren Sie die Wohnsituation von Veit und Margot in Ihrem Kursheft. Lesen Sie hierfür die Beschreibungen von Veits Zimmer auf den Seiten 33–35, 40–44 und 49–51. Berücksichtigen Sie: Wie ist das Zimmer eingerichtet und welche Auswirkungen hat dies auf die Atmosphäre des Raumes?

b Deuten Sie in Bezug auf den weiteren Handlungsverlauf des Romans Veits Aussage: „[D]ie Wand zwischen unseren Zimmern war so dünn, dass man von einem Zusammenwohnen sprechen konnte." (S. 59).

2.4 DER ORT DER HANDLUNG

Das Gewächshaus – Die Funktion eines Ortes erschließen

1 Lesen Sie erneut die Seiten 133–137. Arbeiten Sie heraus, inwiefern das Gewächshaus als Ort (▶ Information, S. 42) das Verhältnis zwischen Veit und dem Brasilianer spiegelt.
Beantworten Sie hierzu die folgenden Fragen und ergänzen Sie Ihre Ergebnisse in der Mindmap.
– Wie nimmt Veit das Gewächshaus wahr?
– Wie geht der Brasilianer mit Veit um?
– Wie fühlt sich Veit im Umgang mit dem Brasilianer?
– Wie reagiert die Hündin des Brasilianers auf Veit?

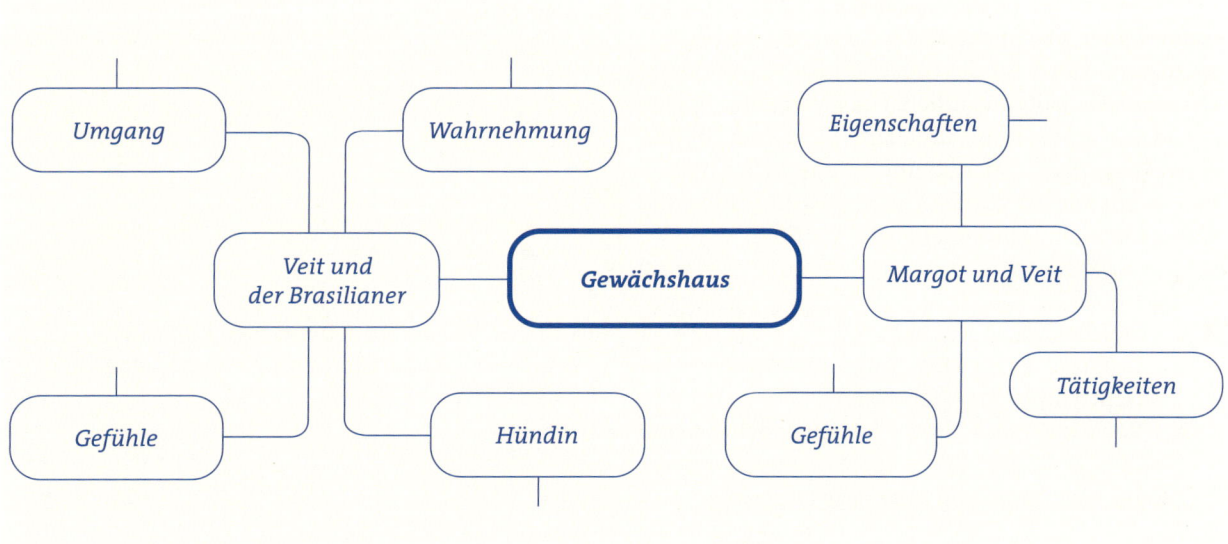

2 a Unterstreichen Sie auf den Seiten 175–185 Textstellen, die das Verhältnis zwischen Veit und dem Brasilianer verdeutlichen, und auch Textstellen, die das Verhalten der Hündin des Brasilianers beschreiben.
b Erläutern Sie, warum Veit sich entscheidet, das Gewächshaus zu reparieren und zu bewirtschaften. Berücksichtigen Sie dabei sein Verhalten während der Verhaftung des Brasilianers.

_____

_____

_____

_____

c Lesen Sie die Seite 214 f. noch einmal und deuten Sie auch auf Basis Ihrer Vorarbeiten die Funktion der Hündin. Schreiben Sie in Ihr Kursheft.

3 Lesen Sie erneut die Seiten 186–199 und erschließen Sie, welche Funktion das Gewächshaus für die Entwicklung der Beziehung zwischen Margot und Veit erfüllt. Beantworten Sie hierzu die folgenden Fragen und ergänzen Sie Ihre Ergebnisse in der Mindmap.
– Wie fühlen sich Margot, Veit und Lilo im Gewächshaus?
– Was tun Veit und Margot im Gewächshaus?
– Welche Eigenschaften des Gewächshauses sind für die Begegnung zwischen Margot, Veit (und Lilo) von Bedeutung?

4 In einem Interview bezeichnet Arno Geiger das Gewächshaus als ein „Glashaus, das ein zerbrechlicher Ort der Wärme und des Kultivierens ist". Setzen Sie diese Aussage in Beziehung zu Ihren bisherigen Erkenntnissen und erläutern Sie, inwiefern auch Veit als Figur durch das Gewächshaus kultiviert wird. Schreiben Sie in Ihr Kursheft.

2 ARNO GEIGER: „UNTER DER DRACHENWAND"

Arno Geiger: Unter der Drachenwand (2018)

Die Musik, die der Gärtner gehört hatte, stammte von einem Mann namens Villa Lobos[1]. Ob mir die Musik gefalle, fragte der Gärtner. Ich bejahte es. Er sagte: „Reich ist man, wenn man das Glück hat, in Brasilien leben zu dürfen."

In das finstere Gewächshaus hinein erklärte er mir, dass die Pflanzen erfrieren würden, wenn er nicht die halbe Nacht hindurch den Ofen heize. In Brasilien habe er vor lauter ==Freude am Leben== keinen Schlaf gefunden, hier wegen der ==Kälte==. Zu Zeiten der Römer sei diese Gegend für die Legionäre ein schrecklicher Ort gewesen, kalt, unwirtlich, einer Verbannung gleichend, ein hartes Klima und harte Menschen. In Brasilien hingegen … man könne es unmöglich verstehen, wenn man das Land in seiner Wärme, Stille und Üppigkeit nicht selbst erlebt habe. (S. 68 f.)

Der Brasilianer vermisste die Heiterkeit der Menschen in Rio de Janeiro, die Gelöstheit, die Unbesorgtheit. Er vermisste die Leuchtkraft der Farben, es gebe dort Vögel, die sähen aus, als seien sie innen beleuchtet. Sowie man ihn lasse, gehe er zurück nach Rocinha[2], zurück in die südlichen Hügel über Rio, in die besonnten Hügel mit Meerblick, dort, wo in Europa die Reichen wohnen würden, in Brasilien die Armen. (S. 78)

---
[1] **Heitor Villa-Lobos** (1887–1959): brasilianischer Komponist und Dirigent
[2] **Rocinha:** südliches Stadtviertel von Rio de Janeiro

5 Untersuchen Sie, in welchem Verhältnis das Gewächshaus zu Brasilien und zum Deutschen Reich steht.
   a Lesen Sie die Romanauszüge und markieren Sie in unterschiedlichen Farben weitere Informationen über das Deutsche Reich und Brasilien.
   b Wie werden das Deutsche Reich und Brasilien charakterisiert?

Das Deutsche Reich wird beschrieben als … _____

_____

Brasilien … _____

_____

   c Nehmen Sie in Ihrem Kursheft zu der Fragestellung, warum das Gewächshaus als „*Klein Brasilien*" (S. 302) bezeichnet wird. Berücksichtigen Sie, welche Gemeinsamkeiten und Unterschiede zwischen dem Gewächshaus und den beiden Ländern bestehen.

6 Überprüfen Sie anhand der Seiten 293–303, inwiefern das Gewächshaus als Exil (▶ Information) für den Brasilianer bezeichnet werden kann.

_____

_____

_____

_____

_____

Info Exil

Der Begriff Exil stammt vom lateinischen Wort *exilium*, was **Verbannung** oder **Zufluchtsstätte** bedeutet. Menschen, die im Exil leben, haben ihr **Heimatland verlassen**, weil sie dort meist aus politischen oder religiösen Gründen **verfolgt** wurden. Das Exil ist also häufig mit einer Einschränkung von Freiheit und mit persönlicher Bedrohung verbunden.

2.5 Historische Bezüge

> **Info** **Historische Bezüge**
>
> Romane weisen häufig mehr oder weniger direkte **historische Bezüge** auf. Dazu gehört beispielsweise die Nennung von **realen** Personen, Orten, Ereignissen oder Vorgängen. Diese Bezüge können sehr unterschiedlich gestaltet sein:
> - Sie können **direkt** oder **indirekt** erfolgen.
> - Sie können dem **Kenntnisstand der Geschichtswissenschaft** entsprechen oder **frei erfunden** sein.
> - Sie können im **Zentrum der Handlung** stehen oder sich auf **wenige Anspielungen** beschränken.
>
> Historische Bezüge können vielfältige Funktionen innerhalb der Erzählung erfüllen. So kann ein historischer Bezug u. a. als subtile Wertung eingesetzt sein, die als bekannt vorausgesetzten Vorstellungsbilder der Leserschaft zur Erzeugung einer bestimmten Atmosphäre nutzen oder die Erzählung authentischer wirken lassen, indem historische Ereignisse, die der Leserschaft bekannt sind, eingeflochten werden.

1 Der Roman weist vielfältige historische Bezüge auf. Notieren Sie in Partnerarbeit jeweils in Stichworten, was Sie – abgesehen von der Darstellung im Roman – über die im Folgenden aufgelisteten historischen Ereignisse und Themen bereits wissen.

Ereignis/Thema	Vorwissen
Russlandfeldzug	
Bombenkrieg	
Kinderlandverschickung	
„Totaler Krieg"	
„Volksgemeinschaft" und Ausgrenzung	
Völkermord an den europäischen Juden	
Todesmärsche und Vernichtungslager	

2 Informieren Sie sich über die Ereignisse und Themen, die Ihnen bisher wenig bekannt waren.
  a Recherchieren Sie weitere Hintergrundinformationen zu den historischen Ereignissen und Themen. Nutzen Sie hierfür geeignete und zuverlässige Quellen, z. B. historische Überblicksdarstellungen in Ihrem Schulbuch und die Internetseiten der Bundeszentrale für politische Bildung oder des Deutschen Historischen Museums.
  b Bereiten Sie arbeitsteilig in Kleingruppen zu jeweils einem Ereignis bzw. Thema eine kurze Präsentation vor.

3 Erläutern Sie am Beispiel eines Ereignisses/Themas Ihrer Wahl, auf welche Weise und mit welcher Funktion die historischen Bezüge (▶ Information) im Roman hergestellt werden. Schreiben Sie in Ihr Kursheft.

2 ARNO GEIGER: „UNTER DER DRACHENWAND"

Traumatisierung durch Fronterlebnisse

1 Veit Kolbe erleidet immer wieder nervöse Anfälle. Untersuchen Sie die in der Tabelle genannten Textstellen hinsichtlich der Symptome, an denen er leidet, und der Reflexionen, die er über diese Anfälle anstellt.

Seitenangabe	Symptome	Reflexionen während der bzw. über die Anfälle
S. 39 f.	– Zittern, Wahrnehmungsstörung, Erinnerungsbilder, Erstickungsgefühl	– Beunruhigung über den Anfall; Verunsicherung und Erstaunen darüber, dass der Krieg im Nachhinein als schrecklicher empfunden wurde als während der Kampfhandlungen
S. 65		
S. 139 f.		
S. 161 f.		
S. 210		
S. 285 f.		

Posttraumatische Belastungsstörung (PTBS)

Manche Menschen, die extremen psychischen Belastungen ausgesetzt sind, entwickeln, teilweise erst nach Wochen oder Monaten, eine sogenannte Posttraumatische Belastungsstörung (PTBS). Betroffene erleben die traumatisierende Situation wiederholt in Bildern und Gefühlen sowohl in wachem als auch in schlafendem Zustand. Die Betroffenen fühlen sich den Erinnerungen hilflos ausgeliefert und reagieren oft – als wären sie erneut in der traumatischen Situation – mit extremem physischem und psychischem Stress. Die Erinnerungen können dabei von sogenannten Triggern – etwa Bildern, Geräuschen oder Gerüchen, aber auch dem Aufenthalt an bestimmten Orten – ausgelöst werden. Diese Trigger werden in der Folge häufig gemieden. Hinzu kommen in vielen Fällen eine allgemeine Reizbarkeit und Nervosität, Schreckhaftigkeit sowie Konzentrations- und Schlafstörungen. Insgesamt mindert eine PTBS erheblich die Lebensqualität und schränkt die Fähigkeit zur Gestaltung eines normalen Alltags enorm ein.

Während des Ersten Weltkriegs wurde erstmals bei einer großen Anzahl (ehemaliger) Soldaten die entsprechende Symptomatik als Krankheitsbild beschrieben. Damals sprach man von „Kriegszitterern", die durch die Erfahrungen des Stellungskrieges und durch den andauernden Granatbeschuss traumatisiert worden waren. Auch infolge späterer Kriege, z. B. des Zweiten Weltkriegs oder des Vietnamkriegs, wurde das Krankheitsbild bei Soldaten beobachtet. Die Betroffenen wurden mit Medikamenten behandelt, um die Symptome zu dämpfen und sie einsatzfähig zu erhalten. Verabreicht wurde vor allem das Aufputschmittel Metamphetamin, das in Deutschland unter dem Produktnamen Pervitin seit Ende der 1930er Jahre vertrieben wurde. Heutzutage wird PTBS mit Psychotherapie und selten unterstützend mit Medikamenten behandelt.

2 Erläutern Sie, inwiefern Veits psychisches Leiden sein Verhalten und seine Einstellungen verändert. Setzen Sie Ihre Ergebnisse in Beziehung zur Information im Text über die Posttraumatische Belastungsstörung und gehen Sie auch darauf ein, welche Bedeutung dem Schreiben zukommt.

Die Zivilbevölkerung im Bombenkrieg

1 Lore Neff berichtet ihrer Tochter Margot von den Bombenangriffen auf Darmstadt. Lesen Sie die entsprechenden Textstellen (S. 87, 93 f., 264–272, 373 und 376) und schildern Sie, welche Rückschlüsse sich aus der Art der Darstellung hinsichtlich der Wirkung ziehen lassen, die die wiederkehrenden Angriffe auf die Zivilbevölkerung hatten. Berücksichtigen Sie ggf. Ihre Ergebnisse zu den Verhärtungen an der Heimatfront (Aufgabe 5, ▶ S. 37).

_____

_____

_____

_____

_____

_____

_____

_____

2 Lesen Sie die Erinnerungen einer Zeitzeugin an die Kinderlandverschickung während des Zweiten Weltkriegs und vergleichen Sie diese mit der Darstellung des Lagerlebens der Mädchen in Schwarzindien im Roman. Diskutieren Sie im Kurs, ob bzw. inwiefern die Darstellung im Roman sich mit der Schilderung von Edith Stampe deckt.
Tipp: Berücksichtigen Sie die folgenden Textstellen: S. 56 ff., 62 f., 163 ff. und 323 f.

Edith Stampe: Kinderlandverschickung (2001)

Während der Nazizeit gab es für ganze Klassen die Kinderlandverschickung, damit wir nicht immer unter dem Bombenhagel waren. Ich wollte so gerne mit nach Ungarn, aber ich musste viele Hindernisse überwinden. Mein Vater war Kommunist und Widerstandskämpfer, das hat ihm 3 Jahre KZ (Konzentrationslager) eingebracht und seine Tochter wollte in die Kinderlandverschickung, aber es war ja traumhaft, wir kannten ja gar kein Verreisen und dann ins Ausland, es war ja zu verlockend. Zuerst hörte ich nur, die Uniform kommt mir nicht ins Haus, meine einzige Erwiderung war: „Vati, du brauchst es nicht zu bezahlen!" Nach vielen Kämpfen durfte ich dann doch mit. Zuerst waren wir in einem Lager untergebracht mit 5 Mädchen in einem Zimmer. Das Essen schmeckte zwar, aber für uns ausgehungerten war es einfach zu wenig.
Eines Tages machten wir mit dem Küchenpersonal ein Picknick und eine Wanderung durch die Karpaten¹. Unsere Schuhe waren nach 3 Jahren Krieg nicht das Wahre, wenn ich darüber nachdenke, dass ich einen Nagel im Schuh hatte, dann tut es mir heute noch weh. Jeden Tag mussten wir zum Appell antreten, da wurde die Flagge gehisst und abends saßen wir im Kreis und sangen schöne Lieder, z. B. „Kein schöner Land in dieser Zeit".
Dann brach Scharlach im Lager aus und nach der Quarantäne kamen wir nach Szasregen², in der Nähe von Kronstadt, zu Pflegeeltern, da blieben wir dann bis Oktober 1942. Es war eine traumhafte Zeit. Die Pflegeeltern waren Deutsche, deren Vorfahren vor 800 Jahren eingewandert waren. Meine kleine Pflegeschwester sprach deutsch, ungarisch, rumänisch und den Siebenbürger Dialekt. In der Familie gab es gutes Essen, da hatten wir keine Probleme mit dem Hunger.
Der Pflegevater war Architekt und die Pflegemutter kümmerte sich um ihre 3 Kinder. Sie machte wunderschöne Handarbeiten und hatte auch einen Webstuhl, wo sie ihre Teppiche selbst webte. Die Pflegemutter brachte mir im Fluss Miersch das Schwimmen bei, danach machte ich für das Jungmädelleistungsabzeichen meinen Freischwimmer.
Es war immer heiß in Siebenbürgen und die Mücken haben mich so gepiesackt, da hat meine Pflegemutter mir den schieren Essig über den Rücken gegossen, das half. Eines Tages hatten wir wieder Appell, und ich wurde aufgerufen. Da stand ich dann als 12-jähriges Mädchen und man sagte mir, nimm die Ohrringe raus, ein deutsches Mädchen trägt keine Ohrringe. Ja, das war die andere Seite der Kinderlandverschickung. Nachher sind mir logischerweise die Ohrlöcher wieder zugewachsen. […]

---
1 Karpaten: mitteleuropäisches Hochgebirge
2 Szasregen: Stadt in Rumänien, Siebenbürgen, dt. Reghin, ungar. Szászrégen

2.6 Thematische Aspekte

Einstellungen zum Krieg untersuchen

1 Erläutern Sie, wie sich die Einstellungen zum Krieg von Veit und seinem Vater verändern. Gehen Sie hierzu wie folgt vor:

a Lesen Sie arbeitsteilig die Seiten 22–31, 217–219 und 427–432. Markieren Sie Informationen zu den folgenden Fragen:
– Welche Einstellung hat Veits Vater zum Krieg? Wie spricht er über den Krieg?
– Wie bewertet Veit die Einstellung seines Vaters? Welche Einstellung hat er selbst?
– Inwiefern gestaltet sich die Kommunikation zwischen Veit und seinem Vater problematisch?
– Wie gestaltete sich für Veits Vater der Anschluss Österreichs an das Deutsche Reich 1938?
– Was erfahren Sie über das Verhalten / die Einstellung Veits vor Kriegsbeginn 1938?

b Tragen Sie die Informationen stichwortartig in die ersten drei Zeilen der Tabelle ein und notieren Sie Textbelege.

	Kriegseinstellung des Vaters	Veits Kriegseinstellung
1938	– sieht dem Krieg enthusiastisch entgegen („ehrliche Tränen, Tränen der Freude", S. 27)	– kann die emotionale Reaktion seines Vaters nicht nachvollziehen („… so ungewohnt, dass es mich peinlich berührte", S. 219)
Frühjahr 1944		
Winter 1944		
Veränderungen		

c Diskutieren Sie, inwiefern sich die Einstellungen zum Krieg von Veit und seinem Vater zwischen 1938 und 1944 verändern. Nutzen Sie hierfür den Wortspeicher und notieren Sie Ihre Ergebnisse in der letzten Zeile der Tabelle.

Enthusiasmus • Desillusionierung • Optimismus • Idealismus • Enttäuschung • Ideologie • Opportunismus • Anpassung • Widerstand • Mitläufer

d Erörtern Sie in Ihrem Kursheft, welchen Einfluss die Einstellungen zum Krieg auf die Kommunikation zwischen Vater und Sohn haben.

2.6 THEMATISCHE ASPEKTE

> **Info**   **Literarische Symbole – Gimpel, Krähe und Kuckuck**
>
> Ein **Symbol** ist ein Sinnbild, das meist anhand eines konkreten Gegenstands über die wörtliche Bedeutung hinaus **auf etwas Allgemeines verweist**. Hierdurch deutet das Symbol über den jeweiligen Text hinaus auf andere Kontexte hin und stiftet somit **neue Sinnzusammenhänge**. Häufig können Vögel als Symbole gedeutet werden:
> - Der **Gimpel** wird auch Dompfaff oder Blutfink genannt. Er lässt sich z. B. durch die Imitation von Gimpelrufen sehr leicht anlocken, weshalb er zum Symbol für Leichtgläubigkeit und Tölpelhaftigkeit geworden ist.
> - Die **Krähe** gehört zur Familie der Rabenvögel. Charakteristisch für die Krähe sind ihr schwarzes Federkleid und ihre Zugehörigkeit zu den Aasfressern. Sie gilt daher als Symbol des Todes und des Bösen.
> - Der **Kuckuck** hat seinen Namen aufgrund seines eingängigen Rufens erhalten. Da er sozusagen ständig seinen eigenen Namen ruft, ist er zum Symbol für Narzissmus und Einfältigkeit geworden. Das für den Kuckuck typische Verhalten, seine Eier zum Ausbrüten in fremde Nester zu legen, hat dazu geführt, dass er beispielsweise zur Darstellung parasitären Verhaltens von Menschen herangezogen wird. Diese Strategie, andere für den eigenen Vorteil zu nutzen, macht ihn auch zum Symbol der Anmaßung.

2 Informieren Sie sich über die Bedeutung von Gimpel, Krähe und Kuckuck (▶ Information). Erläutern Sie, inwiefern Veits Vater und seine Einstellung zum Krieg durch diese Symbole (vgl. S. 29, 219 und 427) eine Wertung erfahren.

_____
_____
_____
_____
_____
_____
_____

3 Lesen Sie die folgenden drei Textauszüge und deuten Sie diese hinsichtlich der Einstellung des Vaters zum Krieg. Berücksichtigen Sie Ihre Ergebnisse aus Aufgabe 1 (▶ S. 48) und die symbolische Bedeutung des Hakenkreuzwimpels. Schreiben Sie in Ihr Kursheft.

(1) Ich fuhr zum Meidlinger Friedhof und besuchte Hildes Grab. Dort lag viel Schnee, nur die Hauptwege waren geräumt. An der Stelle, wo Papa im März 1938 dem Fahnenmeer eine weitere Fahne hinzugefügt und ehrliche Tränen vergossen hatte, Tränen der Freude: dort legte ich die neun gelben Rosen ab, zündete die Grablaterne an und verrichtete meine Gebete. Sonst konnte ich Hilde nichts mehr geben. Der Schnee fiel und fiel. Ich hatte mir immer eingebildet, dass Hilde der Engel sei, der über uns wacht. (S. 27)

(2) Einige Tage nach dem Anschluss waren wir auf den Friedhof gegangen und hatten Blumen auf Hildes Grab gelegt. Und Papa hatte einen Hakenkreuzwimpel in die Erde gesteckt, ungefähr dort, wo sich einmal Hildes Herz befunden hatte. …

… Papa küsste Mama, das war so ungewohnt, dass es mich peinlich berührte. Und noch Jahre später anlässlich von Siegesmeldungen, als ich schon nicht mehr zu Hause war, hieß es in Briefen: Wenn Hilde das hätte erleben können! / Dort fliegt eine Krähe über die Stadt, von Geistern verfolgt. (S. 219)

(3) Im Friedhof gab es weitere Trichter, die aber leicht zu umgehen waren, viele Grabsteine zertrümmert, unser Familiengrab jedoch unbeschädigt, wenn auch verwahrlost aufgrund des Betretungsverbotes, alles von Unkraut überwuchert. Zwischen dem Unkraut sah ich die zerfallenden Reste eines Hakenkreuzwimpels. Mit meinem Taschentuch wischte ich den Schmutz aus den Vertiefungen der Inschrift: _Hilde Kolbe 11.III.1913 – 20.X.1936._ (S. 431)

Generationenkonflikte

1 Im Roman werden verschiedene Generationenkonflikte zwischen Eltern und Kindern dargestellt. Erschließen Sie das Verhältnis zwischen Margot und ihrer Mutter Lore.
  a Lesen Sie erneut die Briefe von Margots Mutter (S. 85–96 und 380–381) und markieren Sie Stellen, an denen das Verhältnis von Mutter und Tochter deutlich wird.
  b Untersuchen Sie, von welchen Gefühlen für Margot die Aussagen der Mutter zeugen. Übertragen Sie die folgende Tabelle in Ihr Kursheft und ergänzen Sie Ihre Ergebnisse.

Gefühle der Mutter	Textbeleg	Erläuterung
Fürsorge		
Sorge		

  c Lesen Sie erneut Seite 194 f. und erläutern Sie, inwiefern Margots Hochzeit als Zeichen des Aufstands gegen ihre Eltern gedeutet werden kann. Schreiben Sie in Ihr Kursheft.

2 Anhand eines Briefes, den Nanni Schaller von ihrer Mutter erhält, lässt sich deren Verhältnis analysieren.
  a Lesen Sie erneut den Brief von Nannis Mutter (S. 142–146) und die Beschreibung Nannis von ihrer Mutter (S. 157 f.). Markieren Sie Stellen, an denen das Verhältnis zwischen Nanni und ihrer Mutter deutlich wird.
  b Untersuchen Sie, von welchen Gefühlen und Einstellungen der Mutter ihre Vorwürfe sowie ihre Beschreibung von Nanni geprägt sind. Von welchen Gefühlen und Eigenschaften zeugen die Reaktionen Nannis? Übertragen Sie die folgende Tabelle in Ihr Kursheft und ergänzen Sie Ihre Ergebnisse.

Gefühle und Einstellungen von Nannis Mutter	Nannis Gefühle und Eigenschaften	Textbeleg/Erläuterung
	lässt sich nicht einschüchtern; ist stark	*Nanni als „brutal eingeschüchtertes Kind" vertritt ihre Interessen (S. 143)*
besorgt um den guten Ruf ihrer Tochter		*Mutter meint, dass Nanni keine Lehrerin mehr werden könne (S. 144)*

  c Der Onkel gibt im Gespräch mit Nannis Mutter zu bedenken, „man wisse ja, wie so junge Mädchen seien" (S. 159). Beziehen Sie auf Grundlage Ihrer bisherigen Erkenntnisse Stellung zu dieser Aussage.

3 Wie gestaltet sich das Verhältnis zwischen Kurt und seinen Eltern?
  a Lesen Sie erneut die Seiten 100–102 sowie Seite 109 f. und markieren Sie Stellen, an denen das Verhältnis zwischen Kurt und seinen Eltern deutlich wird.
  b Untersuchen Sie, welche Gründe Kurts Eltern für ihre Erziehungsmaßnahmen haben und welche Gefühle diese bei Kurt auslösen. Übertragen Sie die folgende Tabelle in Ihr Kursheft und ergänzen Sie Ihre Ergebnisse.

Gründe für Erziehung	Gefühle Kurts	Textbeleg	Erläuterung

  c Kurts Vater rät ihm bei seinem Eintritt in den Kriegsdienst, seine Zivilkleider immer bei sich zu tragen und die Uniform, wenn es hart auf hart komme, wegzuwerfen. Kurt pfeift auf diesen Ratschlag (vgl. S. 393). Beurteilen Sie auf Basis Ihrer Vorarbeit den Rat des Vaters sowie das Verhalten Kurts. Schreiben Sie in Ihr Kursheft.

4 Formulieren Sie für die in den Aufgaben 1–3 erarbeiteten Generationenkonflikte jeweils einen Satz, der den Konflikt prägnant zusammenfasst.

2.7 Erzählweise, Sprache und Stil

Die Erzählweise

> **Info** **Erzählverhalten, -form und Darbietungsformen**
>
> Entscheidendes Gattungsmerkmal epischer Texte ist die Vermittlung der fiktiven Welt durch einen Erzähler. Dieser kann auf verschiedene **Strategien des Erzählens** zurückgreifen. Man unterscheidet:
> - **auktoriales Erzählverhalten** (Erzähler/-in weiß alles, kann das Handeln von Figuren kommentieren),
> - **personales Erzählverhalten** (Erzähler/-in übernimmt die Sicht einer der handelnden Figuren),
> - **neutrales Erzählverhalten** (Erzähler/-in tritt nicht in Erscheinung, Darstellung wirkt sachlich).
>
> Als **Erzählform** kann die Er-/Sie-Erzählform oder die Ich-Erzählform gewählt werden.
>
> Man unterscheidet folgende **Darbietungsformen** des Erzählens:
> - Erzähler/-in behält das Wort: Erzählbericht, Beschreibungen, Vorausdeutungen, Reflexion und Kommentare,
> - Figuren kommen zu Wort: direkte und indirekte Figurenrede, erlebte Rede (3. Ps. Präteritum), innerer Monolog.

1 Benennen Sie in Partnerarbeit, welche Strategien des Erzählens (▶ Information) Sie im Roman vorfinden. Belegen Sie Ihre Ergebnisse mit Beispielen. Schreiben Sie in Ihr Kursheft.

2 Die Handlung des Romans wird aus vielen verschiedenen Perspektiven erzählt. Lesen Sie die Information zum Fiktionsvertrag und erläutern Sie, welche Wirkung diese erzählerische Besonderheit auf das Fiktionsbewusstsein der Leserschaft hat.

_____
_____
_____
_____

> **Info** **Fiktionsvertrag**
>
> Der **Fiktionsvertrag** betrifft die **Kommunikation zwischen Autor/-in und Leser/-in (Rezipient/-in)** auf ganz grundsätzliche Weise. Die Leserschaft weiß zwar, dass es sich um eine erfundene Geschichte handelt, akzeptiert die erfundene Welt aber gleichzeitig als wahr, bewegt sich also gedanklich so hindurch, **als ob** sie wahr sei. Das Fiktionsbewusstsein hängt dabei vom eigenen Welt- und Medienwissen ab (z. B. von Kenntnissen über Autoren und Genres).

3 An die eigentliche Romanhandlung schließt sich das Kapitel „Nachbemerkungen" (S. 477–480) an.
   a Untersuchen Sie, durch wen (Figur/Erzähler/Autor) das Kapitel vermittelt wird. Belegen Sie Ihre Ergebnisse am Text und erläutern Sie, welche Funktion das Kapitel erfüllt.

_____
_____
_____
_____

   b Diskutieren Sie im Kurs, ob die „Nachbemerkungen" ein Teil der Erzählung sind.

Briefe als Einblick in andere Figuren

> **Info** — **Die sprachliche Gestaltung von Erzähltexten**
>
> Berücksichtigen Sie bei der Analyse der sprachlichen Gestaltung eines Erzähltextes vor allem folgende Aspekte:
> - **Wortwahl:** Welcher Stilebene (z. B. bildungssprachlich, umgangssprachlich, jugendsprachlich) entstammen die Wörter? Gibt es Wörter, die insbesondere von einer bzw. für eine Figur verwendet werden (z. B. Adjektive zu deren Charakterisierung)? Stammen viele Wörter aus einem bestimmten Wortfeld (z. B. der Natur)?
> - **Satzbau:** Sind die Sätze verschachtelt oder einfach aufgebaut (hypotaktisch oder parataktisch)? Sind Sätze unvollständig (Ellipsen)? Werden bestimmte Satzarten bevorzug (z. B. Aussage-, Ausrufe-, Fragesätze)?
> - **Rhetorische Figuren:** Gibt es sprachliche Bilder (Vergleiche, Metaphern, Personifikationen, Symbole ▶ S. 49) oder andere rhetorische Mittel wie Lautmalereien, Euphemismen, Alliterationen, Anaphern, rhetorische Fragen? Wird Ironie eingesetzt? Gibt es Wiederholungen gleicher syntaktischer Fügungen (Parallelismen)?

1 Untersuchen Sie die sprachliche Gestaltung der Briefe von Lore an ihre Tochter Margot. Arbeiten Sie heraus, wie sich darin ihre Verzweiflung ausdrückt.

   a Übertragen Sie die folgende Tabelle in Ihr Kursheft und notieren Sie in der zweiten Spalte, welche Gestaltungselemente für Briefe charakteristisch sind. Ergänzen Sie ggf. weitere Aspekte, die für die Textsorte Brief relevant sind.

	Gestaltungselemente von Briefen	Brief 1	Brief 2
Wortwahl			
Satzbau			
rhetorische Figuren			
…			

   b Lesen Sie erneut den ersten Brief von Lore an ihre Tochter Margot (S. 85–96) und notieren Sie Beispiele für die hier gewählten Gestaltungselemente in der entsprechenden Spalte der Tabelle (Brief 1).

   c Erläutern Sie, inwiefern dieses Kapitel der Form eines klassischen Briefs (nicht) entspricht.

   d Untersuchen Sie, wie sich im zweiten Brief von Lore (S. 264–278) ihr Sprachstil verändert hat. Notieren Sie Ihre Ergebnisse in der entsprechenden Spalte der Tabelle (Brief 2).

   e Erläutern Sie, inwiefern die sprachliche Gestaltung die emotionale Situation von Lore verdeutlicht.

2.7 ERZÄHLWEISE, SPRACHE UND STIL

Die Drachenwand – Ein literarisches Motiv analysieren

1 Betrachten Sie das Foto der Drachenwand. Beschreiben Sie das Bild und seine Wirkung stichwortartig und tauschen Sie sich anschließend über Ihre Wahrnehmungen aus.

_____

_____

_____

2 a Erläutern Sie anhand von Veits erster Beschreibung und Wahrnehmung (S. 32), wie die Drachenwand auf ihn wirkt. Berücksichtigen Sie die sprachlichen Gestaltungsmittel (▶ Information, S. 52). Schreiben Sie in Ihr Kursheft.

b Tauschen Sie sich über Ihre Ergebnisse aus und vergleichen Sie Ihre Wahrnehmung aus Aufgabe 1 mit der von Veit, indem Sie in Ihren Ergebnissen Gemeinsamkeiten und Unterschiede farbig markieren.

3 Untersuchen Sie, welcher Zusammenhang zwischen den Beschreibungen der Drachenwand und der Handlung rund um Nanni besteht. Berücksichtigen Sie hierbei die Seiten 64, 165 und 318–321 und die Besonderheiten in der sprachlichen Gestaltung. Übernehmen Sie hierfür die Tabelle in Ihr Kursheft und ergänzen Sie Ihre Ergebnisse.

Beschreibung der Drachenwand	sprachliche Gestaltung	Bezug zur Handlung
„die im Südwesten schauerlich herabstürzenden Felsen"	Personifikation	Vorausdeutung von Nannis Absturz

4 Lesen Sie die beiden Beschreibungen der Drachenwand auf den Seiten 353 f. und 475 f. Beurteilen Sie auf Basis Ihrer Ergebnisse und Ihrer Kenntnisse der Romanhandlung, inwiefern die Drachenwand als Motiv (▶ Information) an diesen Stellen bedeutsam für die Handlung ist.

> **Info** **Literarisches Motiv**
>
> Als **literarisches Motiv** wird ein **thematisches Element** eines Textes verstanden, das **wiederholt** auftritt oder einem Schema entspricht, das bereits in anderen literarischen Werken vorkommt, z. B. das Motiv der Jahreszeiten, des Liebesleids, des Doppelgängers, der Heimkehr oder der Trennung.
> Im Gegensatz zum **literarischen Symbol** (▶ Information, S. 49) ist es lediglich ein Element der Handlungsstruktur, das man ohne eine über den Text hinausreichende Bedeutungszuweisung verstehen kann.

Das Halstuch – Ein literarisches Motiv deuten

1 Untersuchen Sie, inwiefern das Halstuch als Motiv (▶ Information, S. 53) bedeutsam für die Romanhandlung ist.
  a Lesen Sie die Schilderungen zum Aufenthalt von Oskar Meyer und seiner Familie in Budapest (S. 246 f. und 261 f.) sowie Oskars Weg zum Arbeitslager (S. 411 f. und 416–418). Sie können hierfür die Tabelle in Ihr Kursheft übernehmen und ergänzen.

Das Halstuch als Motiv	Bezug zur Handlung
Das Halstuch gibt Wally das Gefühl, wieder eine junge Frau zu sein. (S. 246)	Halstuch erinnert an glückliche Vergangenheit → Hoffnung, dass wieder alles gut wird
…	…

  b Tauschen Sie sich über Ihre Ergebnisse aus. Diskutieren Sie den Zusammenhang zwischen dem Halstuch und Oskars Gefühlen.
  c Deuten Sie die Funktion des Halstuchs in der Begegnung zwischen Veit und Oskar. Lesen Sie hierfür noch einmal Veits Beobachtungen der Zwangsarbeiter am Ende des Romans (S. 451 f.). Schreiben Sie in Ihr Kursheft.

Farbmetaphorik – Schwarz, Weiß und Grau

> Die Wäsche, die ich Ende Oktober angezogen hatte, hatte ich fast einen Monat am Leib gehabt, das Hemd war buchstäblich schwarz, als es mir ausgezogen wurde. (S. 8)

> Wie seltsam, dass ich hier liege und alle Knochen sind dran und Frauen in blitzweißen Schürzen bringen mir Bohnenkaffee und zwei Zimmerkollegen spielen Karten und von draußen höre ich Kirchenglocken. Die ersten weißen Laken seit über einem Jahr. Wie seltsam! (S. 11)

1 Erläutern Sie anhand der Textstellen am Romananfang die Bedeutung der Farben Schwarz und Weiß.

2 Veit sagt zu sich selbst bei seiner Ankunft in Mondsee: „Willkommen Grauer!" (S. 35). Erläutern Sie diese Aussage im Hinblick auf die Farbmetaphorik.

3 Suchen Sie im Roman nach weiteren Textstellen, in denen die Farben Schwarz, Weiß und Grau metaphorisch verwendet werden, und setzen Sie die Farbmetaphorik von Schwarz, Weiß und Grau in Beziehung zur Romanhandlung. Schreiben Sie in Ihr Kursheft.

2.8 Romanvergleich: „Effi Briest" und „Unter der Drachenwand"

Gesellschaftlicher Ungehorsam? – Literarische Figuren vergleichen

> **Info** **Theodor Fontane: „Effi Briest"**
>
> Theodor Fontane thematisiert in seinem **Gesellschaftsroman** das Schicksal von Effi Briest, die durch die gesellschaftlichen Vorstellungen an den Rand ihrer Existenz getrieben wird und letztlich stirbt.
> Auf Druck der Mutter heiratet die 17-jährige Effi den Baron Innstetten. Effi macht damit eine gute Partie, die ihr gesellschaftliches Ansehen sichert. Der Baron interessiert sich allerdings wenig für Effis Bedürfnisse und ist viel auf Reisen. Sie fühlt sich vernachlässigt und beginnt eine Liebesaffäre mit Major von Crampas. Innstetten deckt den Verrat Effis auf, als er ihre alten Liebesbriefe findet. Er tötet daraufhin Major von Crampas im Duell und lässt sich von Effi scheiden. Sie wird fortan gesellschaftlich – selbst von ihren eigenen Eltern – ausgegrenzt, darf zunächst ihre Tochter nicht sehen, lebt unter ärmlichen Umständen und leidet an ihrem Schicksal und der Einsamkeit.
> Der Roman gilt als ein typisches Beispiel für die Literatur des **bürgerlichen oder poetischen Realismus**, dem es um eine poetisch-verklärende Bearbeitung der Wirklichkeit geht.

1 Informieren Sie sich über den Inhalt von Theodor Fontanes Roman „Effi Briest" (▶ Information).

Georg Lukács: **Der alte Fontane** (1950)

Effi Briest ist Fontanes liebenswürdigste Gestalt. Sie bleibt nicht nur geistig, auch moralisch im Grunde innerhalb des anständigen Durchschnitts eines Mädchens und einer jungen Frau aus dem Adel. Was sie zu einer unvergesslichen Figur macht, ist die schlichte Vitalität, mit welcher sie in jeder Lage, sei diese idyllisch, gefährdet oder tragisch, die ihrem Charakter, ihren Fähigkeiten angemessene menschliche Äußerungsmöglichkeit sucht und findet. Trotz gesellschaftlicher Ambitionen sind ihre Ansprüche mehr als bescheiden. Sie müssen aber in dieser Gesellschaft doch zerstampft werden. Und dass diese Vitalität sich dennoch immer wieder, wenn auch immer schwächer flackernd, aufrichtet, dass Effi nur zu Boden geworfen, aber nicht menschlich entstellt werden kann, erhebt gerade in dieser Lautlosigkeit und Anspruchslosigkeit eine harte Anklage gegen die Gesellschaft, in der nicht einmal ein solcher bescheidener Spielraum der Menschlichkeit möglich ist. [...] Fontane zeigt hier, gerade mit Hilfe der Durchschnittlichkeit seiner Gestalten und ihrer Schicksale, wie die gesellschaftliche Moral des Bismarckschen Preußen-Deutschland sich im privaten Alltagsleben auswirkt. Er zeigt, dass jeder Mensch, in dem sich nur das geringste Bedürfnis nach einem menschenähnlichen Leben regt, mit dieser Moral in Konflikt geraten muss.

2 a Notieren Sie in der Tabelle, welche Eigenschaften Georg Lukács Effi zuschreibt.
b Prüfen Sie, ob diese Eigenschaften in gleicher oder ähnlicher Weise auch auf Veit Kolbe zutreffen.

Effi	Veit
– liebenswürdig – geistig und moralisch durchschnittlich ...	

3 a Formulieren Sie analog zum Text von Lukács ein kurzes zusammenfassendes Statement zur Figur Veit Kolbe. Schreiben Sie in Ihr Kursheft.
b Vergleichen Sie Ihre Statements zu Veit Kolbe im Kurs und diskutieren Sie abschließend die Frage, ob auch die Darstellung Veit Kolbes „eine harte Anklage gegen die Gesellschaft" (Z. 16) beinhaltet.

Die Mutter-Tochter-Beziehung

Theodor Fontane: Effi Briest (1895)

Auf dem Tisch vor ihr lag der Brief; aber ihr fehlte der Mut, weiterzulesen. Endlich sagte sie: „Wovor bange ich mich noch? Was kann noch gesagt werden, das ich mir nicht schon selber sagte? Der, um den all dies kam, ist tot, eine Rückkehr in mein Haus gibt es nicht, in ein paar Wochen wird die Scheidung ausgesprochen sein, und das Kind wird man dem Vater lassen. Natürlich. Ich bin schuldig, und die Schuldige kann ihr Kind nicht erziehen. Und wovon auch? Mich selbst werde ich wohl durchbringen. Ich will sehen, was die Mama darüber schreibt, wie sie sich mein Leben denkt."

Und unter diesen Worten nahm sie den Brief wieder, um auch den Schluss zu lesen.

„... Und nun Deine Zukunft, meine liebe Effi. Du wirst Dich auf Dich selbst stellen müssen und darfst dabei, soweit äußere Mittel mitsprechen, unserer Unterstützung sicher sein. Du wirst am besten in Berlin leben (in einer großen Stadt vertut sich dergleichen am besten) und wirst da zu den vielen gehören, die sich um freie Luft und lichte Sonne gebracht haben. Du wirst einsam leben, und wenn Du das nicht willst, wahrscheinlich aus Deiner Sphäre herabsteigen müssen. Die Welt, in der Du gelebt hast, wird Dir verschlossen sein. Und was das Traurigste für uns und für Dich ist (auch für Dich, wie wir Dich zu kennen vermeinen) – auch das elterliche Haus wird Dir verschlossen sein; wir können Dir keinen stillen Platz in Hohen-Cremmen anbieten, keine Zuflucht in unserem Hause, denn es hieße das, dies Haus von aller Welt abschließen, und das zu tun, sind wir entschieden nicht geneigt. Nicht weil wir zu sehr an der Welt hingen und ein Abschiednehmen von dem, was sich ‚Gesellschaft' nennt, uns als etwas unbedingt Unerträgliches erschiene; nein, n i c h t deshalb, sondern einfach weil wir Farbe bekennen, und vor aller Welt, ich kann Dir das Wort nicht ersparen, unsere Verurteilung Deines Tuns, des Tuns unseres einzigen und von uns so sehr geliebten Kindes, aussprechen wollen ..."

1
a Lesen Sie den Textauszug aktiv, d. h. mit einem Stift in der Hand. Am Textrand können Sie Fragen oder Anmerkungen notieren.
b Tauschen Sie sich zu zweit zu Ihren Fragen aus.

2
a „Wovor bange ich mich noch?" (Z. 2 f.) Legen Sie dar, wovor Effi Angst hat.

Effi hat das Lesen des Briefs unterbrochen, da ...

b Erläutern Sie, inwiefern ihre Angst durch den Brief der Mutter bestätigt wird.

3 Vergleichen Sie den Brief, den Effi von ihrer Mutter nach Bekanntwerden ihres Ehebruchs erhält, mit dem Brief von Lore Neff an ihre Tochter Margot (S. 85–96). Berücksichtigen Sie ggf. Ihre Ergebnisse aus Aufgabe 1 (▶ S. 50). Wie schreiben die Mütter über ihre Töchter und was lässt sich hinsichtlich des Verhältnisses der Mütter zu ihren erwachsenen Töchtern sagen? Schreiben Sie in Ihr Kursheft.

2.9 Klausurtraining: Einen Erzähltext interpretieren

Aufgabenbeispiel

1. Interpretieren Sie den folgenden Textauszug im Hinblick auf Veits psychische Verfassung und Nannis Verhalten ihm gegenüber. Berücksichtigen Sie dabei erzählerische und sprachliche Gestaltungsmittel.
2. Erläutern Sie, inwiefern der Krieg Einfluss auf die zwischenmenschlichen Beziehungen der beiden Figuren nimmt. Beziehen Sie hierbei Ihre Kenntnisse des gesamten Romans mit ein.

Arno Geiger: **Unter der Drachenwand** (2018)

Noch zweihundert Meter vom Lager entfernt hörte ich hinter mir Lachen und Schreien, und je weiter ich mich entfernte, desto mehr bedrückte mich meine Einsamkeit. Für einige Zeit begleitete mich wieder der Gedanke,
5 dass man mir meine Jugend genommen hatte, ich weiß nicht, vielleicht lag es am Tag der Wehrmacht, der mir nochmals bewusst machte, wie rasch die Jahre in Uniform vergangen waren. Ich erinnerte mich gut, dass ich nach Abschluss der Schule überzeugt gewesen war,
10 nun in die Zeit der leidenschaftlichen Gefühle zu treten. Ich war mir sicher gewesen, dass ich auf eine reife Art Liebe empfinden würde für die Welt. Die in mir angelegte Fähigkeit, fast zu platzen vor lauter Liebe … ich möchte schwören, dass sie in mir angelegt gewesen war, aber nie
15 zum Ausbruch kommen konnte. Jetzt fühlte es sich an, als habe man mir diese Fähigkeit genommen.
Mit den Händen bis zum Grund in den Taschen stand ich am Ufer des Sees. Der Gedanke an die pulverisierten Jahre hing mir mit irritierender Hartnäckigkeit nach.
20 Auf einmal, ich weiß nicht, ob es an einem Geräusch in der Luft lag oder an meiner Stimmung, hatte ich wieder einen Anfall. Wie eine Sturzwelle kamen die Bilder und spülten mich in den kalten Schacht namens Krieg, geballt empfand ich alle Erniedrigungen des Sterbens,
25 überzeugt, diesmal erwischt es mich, jetzt hat mich mein Glück endgültig verlassen, gleich geht das Licht aus. Der verloren aufragende Kamin in Schitomir kippte wieder langsam nach vorn und fiel genau auf mich zu, Granaten pfiffen, ich war verdrahtet mit der Tödlichkeit des
30 Moments, es schnürte mir die Luft ab, und deutlich sah ich die in die Grube geschossenen Leiber. Es waren ungemein kraftvolle Bilder, während ich selbst in die Knie ging, in den Schnee, minutenlang. Die Anflutung war extrem, schlimmer als je zuvor, ich schnappte nach
35 Luft, einmal vornübergebeugt, dann mich streckend.
Als es mir endlich gelungen war, aus dem kalten Schacht wieder heraufzukommen, stand ein Mädchen neben mir, in der Uniform der Staatsjugend, ein blauer Pinselstrich vor dem Grau des Wassers. Sie schaute mit großen Augen zu mir
40 herunter, besorgt, sie schien keineswegs befangen wegen meines sonderbaren Verhaltens, ich atmete noch immer stoßweise und hatte beide Hände auf der Brust. / „Kann ich Ihnen helfen?", fragte sie, und als ich die rechte Hand von der Brust nahm, um anzudeuten, dass es schon besser ging,
45 griff sie danach, sie sagte: „Auch meine Mama bekommt manchmal keine Luft. Es hilft ihr, wenn ich ihre Hand halte."

Die Stimme des Mädchens und ihre einfachen Worte taten mir wohl, ich strich mir mit der freien Hand mehrfach über die Brust und war froh, unversehrt zu sein. Einige Schreckmomente stiegen noch wie Blasen auf,
50 um jäh zu zerplatzen, dann löste sich der Knoten im Hals, und ich saugte erleichtert die Luft ein, atmete sie wieder aus. Warum diese Nervenanfälle bei Spaziergängen? Bis jetzt hatte ich doch alles überstanden, hatte in allem entsprochen, als Sohn, als Schüler, als Soldat.
55 Warum jetzt? War es das böse Erwachen? Das Gefühl, ich kann nicht mehr, ich will nicht mehr, Schlussstrich, Zusammenbruch? Und am Ende vielleicht die Einweisung in eine Anstalt? War es das, was mich erwartete?
„Es ist alles gut", sagte das Mädchen. Sie schaute mich
60 weiterhin ruhig an mit ihrem großäugigen, merkwürdig musternden Blick. Sie hatte wuschelig dunkelblondes Haar, das über den Schultern kurz geschnitten war. Jetzt erst erkannte ich in ihr die Verschickte, mit der ich im Lager einmal kurz geplaudert hatte und von der mir später
65 die Fachlehrerin erzählt hatte: Annemarie Schaller. Ich schaute sie erstaunt an. / „Geht's wieder?", fragte sie. / „Ich glaube, ja, jetzt bekomme ich wieder Luft", sagte ich mit Blick auf die behutsam meine Rechte umfassende Hand. „Manchmal habe ich Atemprobleme", keuchte ich.
70 / „Ist es von der Lunge?", fragte sie. / „Von der Angst", sagte ich. / „Dann müssen Sie Traubenzucker nehmen." / Nun wusste das Mädchen auch, wie man lächelt. In ihren Augen blitzte ein Schimmer Stolz, dass sie mir einen Ratschlag gegeben hatte. Sie half mir beim Aufstehen,
75 ich klopfte mir den Schnee von den Hosenbeinen und schüttelte mich, teils wegen der Kälte, teils um die Nervengespenster zu vertreiben. / „Traubenzucker beruhigt", sagte sie.
„Danke, vielen Dank", erwiderte ich, mich sammelnd.
80 Einige rauchartige Wolken trieben über dem See, irgendwo krähte ein Hahn, zum Gedenken an seine geköpften Brüder. / „Wo kommst du so plötzlich her?", fragte ich das Mädchen. / „Mir sticht's im Kopf", sagte sie: „Wir haben Ostergeschenke gebastelt, der Nitrolack ist schnell
85 trocken, hat aber einen so unangenehmen Geruch, dass wir alle fast in Ohnmacht gefallen sind. Deshalb haben wir für eine Stunde frei bekommen, um uns auszulüften." / „Und du gehst ganz allein?" / „Freundin habe ich keine mehr. Aber ich bin zu allen eine gute Kameradin." /
90 Der Blick, der diese Worte begleitete, war für mich Anlass zu sagen: „Du hast es im Moment ja auch nicht

ganz leicht." / Sie wirkte für einen Augenblick erschrocken, dann äugte sie mich wieder auf ihre offene Art an. / "Wegen deines Cousins, meine ich." / Sie zog die Unterlippe ein und nickte. Kurz klang wieder Blechmusik über den See, und als man nichts mehr hörte, sagte das Mädchen: „Ich bin verliebt." Wieder huschte ein Lächeln über ihr rundes Gesicht, nicht ganz so befreit wie zuvor, aber voller versteckten Glücks. / „Nun ja, Verliebtsein ist etwas Schönes", sagte ich.

Rote Flecken tauchten auf den Wangen des Mädchens auf, als müsse sie sich entscheiden, ob sie in Tränen ausbrechen oder ganz etwas anderes tun wolle, griff sie in die Seitentasche ihrer Uniformjacke und zog einen Brief heraus. „Von meiner Mutter", sagte sie hastig: „Wollen nicht Sie als Soldat ihr schreiben und sagen, was Sie zu mir gesagt haben, dass Verliebtsein etwas Schönes ist?" Sie schaute mich wie gebannt an und zog abermals die Unterlippe ein. Die Bilder und Stimmen, die mich quälten, waren noch immer in der Nähe. (S. 138–142)

Erster Schritt: Die Aufgabenstellung verstehen

1 Lesen Sie die Aufgaben. Markieren Sie in der Aufgabenstellung die Untersuchungsaspekte und Operatoren.

Zweiter Schritt: Erstes Textverständnis und Ideen formulieren

2 Lesen Sie den Textauszug aus Geigers Roman aktiv. Markieren Sie in unterschiedlichen Farben:
– Textstellen, die Veits psychische Verfassung und Nannis Reaktionen darauf beschreiben,
– auffällige sprachliche und erzählerische Mittel, die das Verhältnis zwischen den Figuren verdeutlichen.

3 Formulieren Sie ein erstes Textverständnis: Wie werden Veits psychische Verfasstheit und das Verhalten Nannis gestaltet? In welchem Verhältnis stehen die beiden Figuren zueinander?

4 Visualisieren Sie in Ihrem Kursheft erste Ideen, wie der Krieg die zwischenmenschlichen Beziehungen von Veit und Nanni beeinflusst. Nutzen Sie den vorliegenden Textauszug und Ihre Kenntnisse des Romans.

Dritter Schritt: Den Text interpretieren

5 Interpretieren Sie den Textauszug mit Blick auf die Beziehung zwischen Nanni und Veit: Von welchen Ereignissen lässt sich Veits psychischer Zustand ableiten? Wie geht Nanni mit Veit um? Wie gestaltet sich hierdurch die Beziehung zwischen den beiden? Übertragen Sie die Tabelle in Ihr Kursheft und ergänzen Sie Ihre Ergebnisse.

psychischer Zustand Veits	Nannis Umgang damit	Beziehung
Einsamkeit, Frustration über verlorene Jugend → Anfall: Flashback in den Krieg; schnappt nach Luft	*schaut zu ihm herunter, ist besorgt statt befangen*	*Nannis Interesse an Veit, Sorge um ihn*
nimmt rechte Hand von der Brust, es geht ihm besser	*nimmt seine Hand*	*Nanni hilft Veit, Sicherheit Nannis vs. Unsicherheit Veits*
…		

2.9 KLAUSURTRAINING: EINEN ERZÄHLTEXT INTERPRETIEREN

6 Welchen Einfluss nimmt der Krieg auf die zwischenmenschlichen Beziehungen von Veit und Nanni?
- a Markieren Sie im Textauszug alle Stellen zu zwischenmenschlichen Beziehungen von Veit und Nanni.
- b Prüfen Sie die Deutungsthesen für beide Figuren am Text. Ergänzen Sie die mittlere Tabellenspalte.
- c Ziehen Sie zur Prüfung der Deutungsthesen Ihre Kenntnis der gesamten Romanhandlung heran und ergänzen Sie die rechte Tabellenspalte.

Deutungsthese	Erläuterung am Text	Erläuterungen an der Handlung
1 Der Krieg be- bzw. verhindert sowohl bei Nanni als auch bei Veit die Entwicklung einer Liebesbeziehung.	*Veit hat das Gefühl, nicht zur Liebe fähig zu sein, weil aufgrund des Krieges seine Liebe „nie zum Ausbruch kommen konnte. Jetzt fühlte es sich an, als habe man mir diese Fähigkeit genommen." (Z. 14 ff.)*	*Veit und Margot dürfen ihre Liebe nicht ausleben, da sie noch mit einem anderen Soldaten verheiratet ist.*
2 Der Krieg macht sowohl Nanni als auch Veit zu Soldaten, die lediglich im Sinne von Kameradschaft Erwartungen von anderen erfüllen und nur schwer ernsthafte Freundschaften eingehen können.		
3 Der Krieg verschärft die Konflikte innerhalb der Familien von Nanni und Veit, sodass sich die beiden zunehmend von ihren jeweiligen Familien distanzieren.		
4 Die durch den Krieg verursachte Einsamkeit von Nanni und Veit gibt ihnen ein Gefühl von Verbundenheit.		

7
- a Untersuchen Sie die erzählerischen und sprachlichen Gestaltungsmittel des Textauszugs (▶ Information, S. 51 u. 52). Übernehmen Sie dazu die Tabelle in Ihr Kursheft. Markieren Sie auffällige Textstellen und tragen Sie die Zeilenangaben in der mittleren Spalte ein.
- b Erläutern Sie in der rechten Spalte die Funktion des jeweiligen Gestaltungsmittels mit Blick auf die Anforderungen in der Aufgabenstellung (Veits psychische Verfassung, Verhalten Nannis gegenüber Veit; Einfluss des Kriegs auf die zwischenmenschlichen Beziehungen von Veit und Nanni). Nutzen Sie die Formulierungsbausteine.

Gestaltungsmittel	Textstelle	Erläuterung der Funktion bzw. Wirkung
erzählerische: – personales Erzählverhalten/ Reflexion	– Z. 4: „begleitete mich der Gedanke"	*Die Gedanken Veits bzgl. des Zusammenhangs von Krieg und Liebe werden deutlich.*
sprachliche: – Personifikation …	– Z. 16: „diese Fähigkeit genommen"	*Durch die Personifikation erscheint der Krieg als verantwortlich für Veits mangelnde Fähigkeit zu lieben.*

Formulierungsbausteine — Inhalt, Sprache und Form zueinander in Beziehung setzen (Erzähltexte)

- Eine sprachliche Besonderheit ist der … Satzbau. Dieser korrespondiert auf der inhaltlichen Ebene mit der Situation des Protagonisten, der …
- Durch die rhetorischen Figuren / die Wortwahl …
- Der … Stil charakterisiert die Figur als … Dies zeigt sich besonders an … .

Vierter Schritt: Den Schreibplan erstellen und den Text schreiben

8 Sortieren Sie die folgenden Gliederungspunkte sinnvoll mit Blick auf die Aufgabenstellung in Ihrem Kursheft.

abschließendes Fazit formulieren • Überleitung zur zweiten Teilaufgabe formulieren • Textauszug kurz zusammenfassen und in den Handlungsverlauf einordnen • Textauszug mit Blick auf die in der Aufgabenstellung genannten Aspekte untersuchen • Einleitungssatz mit Angaben zu Autor/-in, Textsorte, Erscheinungsjahr und Thema formulieren • Untersuchungsaspekte des Aufgabenteils kurz benennen und bearbeiten • auffällige erzählerische und sprachliche Mittel benennen und mit Bezug zum Inhalt deuten

9 Verfassen Sie auf der Grundlage der Gliederung (▶ Aufgabe 7) Ihren Aufsatz.
   a Formulieren Sie einen Einleitungssatz, geben Sie den Inhalt des Textauszugs knapp wieder. Beginnen Sie z. B. so:
In dem Textauszug aus Arno Geigers Roman „Unter der Drachenwand" aus dem Jahr … wird … thematisiert.
   b Verfassen Sie eine Interpretation des Textauszugs unter Beachtung der angegebenen Aspekte. Formulieren Sie sachlich und belegen Sie Ihre Deutungen mit Hilfe von Zitaten am Text, z. B.:
Nanni versucht Veit zu beruhigen, indem sie zu ihm sagt: „Es ist alles gut." (Z. 60). Dies erinnert an die Beruhigung von Kindern durch ihre Eltern und deutet auf ein verkehrtes Verhältnis zwischen den beiden Figuren hin.
   c Formulieren Sie eine Überleitung zum zweiten Aufgabenteil, z. B.:
Der Krieg scheint nicht nur Auswirkungen auf die Beziehung zwischen Nanni und Veit zu haben, sondern auf die gesamten zwischenmenschlichen Beziehungen der Figuren. Die Liebesbeziehung …
   d Führen Sie den weiterführenden Schreibauftrag (Aufgabenteil 2) aus, z. B.:
Veit hat das Gefühl, der Krieg habe ihm seine Fähigkeit zu lieben genommen. In seiner Jugend …
   e Formulieren Sie am Schluss Ihrer Interpretation ein Fazit, z. B.: *Zusammenfassend lässt sich feststellen, dass …*

Fünfter Schritt: Den eigenen Text überarbeiten

10 Prüfen Sie die Qualität Ihres Textes mit Hilfe der folgenden Checkliste. Überarbeiten Sie ihn gegebenenfalls.

Checkliste — Einen Erzählausschnitt interpretieren

- Hat Ihr Aufsatz einen klaren **Aufbau**, der durch Absätze gegliedert ist?
- Haben Sie einleitend **Textsorte**, **Titel**, **Autor**, **Erscheinungsjahr** und **Thema** genannt?
- Haben Sie sämtliche in der Aufgabe genannten **Aspekte der Interpretation** berücksichtigt und dabei **Inhalt**, **Sprache** und **Form** zueinander in Beziehung gesetzt?
- Haben Sie nach einer **Überleitung** die zwischenmenschlichen Beziehungen der Figuren vor dem Hintergrund des Krieges **erläutert**?
- Endet Ihr Aufsatz mit einem zusammenfassenden **Fazit**?
- Haben Sie **sachlich** formuliert und Ihre Beobachtungen durch **Verweise** und **Textzitate** belegt?
- Ist der Text **sprachlich richtig** (Rechtschreibung, Grammatik, Zeichensetzung)?

3 „unterwegs sein" – Lyrik vom Barock bis zur Gegenwart

3.1 Annäherung an ein Thema der Lyrik

Reise • Abschied • Ankunft • Heimat •
Ferne • Veränderung • Risiko • Migration • Ich-Findung •
Perspektivwechsel • Lebenslauf • Sehnsucht • Hoffnung •
Flucht • Berufsfindung • Sterben • Bildung • Karussell •
Aufwachsen • Karriere • Illusion • Angst • Traum • Exil •
Erfahrungen • Neugier • Spaziergang • Schifffahrt •
Unentschlossenheit • Hauptwege •
Nebenwege • Einbahnstraße •
Wegkreuzung

1 Markieren Sie im Wortspeicher die Wörter, die Sie persönlich mit dem Thema „Unterwegssein" verbinden. Ergänzen Sie daneben weitere Begriffe, die Ihnen dazu einfallen.

2 Strukturieren Sie die markierten Wörter in einer Mindmap.
  a Legen Sie in Ihrem Kursheft dazu Oberbegriffe fest und ordnen Sie diesen die markierten Wörter und Ihre ergänzten Begriffe zu.

  b Vergleichen Sie Ihre Mindmap anschließend mit der einer Mitschülerin / eines Mitschülers.

3 Nachfolgend finden Sie Verse aus Gedichten und Liedern unterschiedlicher Epochen.
Prüfen Sie, inwieweit die dort formulierten Gedanken zu Ihren Oberbegriffen aus Aufgabe 2 passen.
Ordnen Sie zu oder finden Sie gegebenenfalls weitere Oberbegriffe.

  A Denn ab heute bist du mehr als an nur einem Ort daheim. (Cro: Einmal um die Welt, 2011)
  B Die Welt ist meine See / der Schiffmann Gottes Geist /
     Das Schiff mein Leib / die Seel ist's, die nach Hause reist. (Angelus Silesius: Die Geistliche Schifffahrt, 1657)
  C Wem Gott will rechte Gunst erweisen,
     Den schickt er in die weite Welt. (Joseph von Eichendorff: Der frohe Wandersmann, 1823)
  D Wir ohne Heimat irren so verloren. (Max Hermann-Neiße: Heimatlos, 1936)
  E Nur wer bereit zu Aufbruch ist und Reise,
     Mag lähmender Gewöhnung sich entraffen. (Hermann Hesse: Stufen, 1941)
  F Wer ein heimisch Glück gefunden,
     Warum sucht er's dort im Blaun? (Johann Wolfgang von Goethe: Wanderlied, 1821/29)
  G Ach, vergeblich das Fahren. (Gottfried Benn: Reisen, 1950)

Vom Unterwegssein – Facetten des Themas „Reisen" in der Literatur beleuchten

Joseph von Eichendorff: Frische Fahrt (1815) – Auszug

Und ich mag mich nicht bewahren!
Weit von euch treibt mich der Wind,
Auf dem Strome will ich fahren,
Von dem Glanze selig blind!
5 Tausend Stimmen lockend schlagen,
Hoch Aurora[1] flammend weht,
Fahre zu! Ich mag nicht fragen,
Wo die Fahrt zu Ende geht!

Kurt Tucholsky: Luftveränderung (1924) – Auszug

Fahre mit der Eisenbahn,
fahre, Junge, fahre!
Auf dem Deck vom Wasserkahn
wehen deine Haare.

5 Tauch in fremde Städte ein,
lauf in fremden Gassen;
höre fremde Menschen schrein,
trink aus fremden Tassen.

Flieh Betrieb und Telefon,
10 grab in alten Schmökern,
sieh am Seinekai[2], mein Sohn,
Weisheit still verhökern. [...]

Wie du auch die Welt durchflitzt
ohne Rast und Ruh –:
15 Hinten auf dem Puffer[3] sitzt
du.   [R]

Sarah Kirsch: Fluchtpunkt (1982)

Heine[4] ging zu Fuß durchs Gebirge
Er vertrödelte sich in Häusern, auf Plätzen
Und brauchte zwei Wochen für eine Strecke
Die wir in einem Tag durchgefahrn wären
5 Unsere Reisen führen von einem Land
Gleich in das nächste von Einzelheiten
Könnten wir uns nicht aufhalten lassen
Uns zwingen die eigenen Maschinen
Ohne Verweilen weiterzurasen Expeditionen
10 Ins Innre der Menschen sind uns versagt
Die Schutthalden Irrgärten schönen Gefilde
Bleiben unerforscht und verborgen
Die Kellner brauchen unsere Zeitungen nicht
Ihre Nachrichten sind aus dem Fernsehn
15 Es gibt verschiedene Autos eine Art Menschen
Alles ist austauschbar wo wir auch sind.   [R]

Norbert Göttler: Brücken von Venedig (2013)

Menschen auf Brücken, immerfort Menschen auf Brücken.
Als kämen sie nie an, als gingen sie stets aufs Neue drauf los.
Als liebten sie nicht die Eindeutigkeit
Des linken und des rechten Ufers.
5 Als bevorzugten sie die Unentschlossenheit,
das Sowohl-als-auch der Brücke.

---

1 **Aurora:** röm. Göttin der Morgenröte
2 **Seine:** Fluss in Paris
3 **Puffer:** Stoßdämpfer an Eisenbahnwaggons
4 **Heinrich Heine** (1797–1856): wanderte durch den Harz und veröffentlichte 1826 den Reisebericht „Die Harzreise".

---

1 Wählen Sie das Gedicht aus, das Sie am meisten anspricht. Begründen Sie.

2 Das Thema „Reisen" wird in den Gedichten an unterschiedliche Motive (▶ Information) geknüpft.
   a   Benennen Sie diese und notieren Sie, in welchen Gedichten sie vorkommen.
   b   Überlegen Sie jeweils, wofür dieses Motiv steht.

Motive: Wind, wehen (als Antrieb bei Eichendorff; als Schnelligkeit bei Tucholsky: „wehen deine Haare") ...

> **Info** **Literarisches Motiv**
>
> Als **literarisches Motiv** wird ein **thematisches Element** bezeichnet, das in einem Text **wiederholt auftritt** oder einem **Schema entspricht,** das bereits in anderen literarischen Werken vorkommt **(Intertextualität)**, z. B. Nacht, Abschied, Einsamkeit. Mit der Verwendung eines solchen Motivs werden Beziehungen zu motivgleichen Texten hergestellt, was sich auf den Aussagegehalt und das Verständnis des Textes auswirkt.

3 Arbeiten Sie mit Hilfe der Information heraus, welche Aspekte des Unterwegsseins und Reisens in den Gedichten deutlich werden.

Aspekt	Gedicht	Ausprägung
Reise als Selbstzweck	*Eichendorff: Frische Fahrt*	*begeistertes Reisen ohne Ziel*

Info — Unterwegssein und Reisen in der Literatur

Im Mittelalter reisten vor allem Händler und Pilger. Mit dem Humanismus gewann die Bildungsreise an Bedeutung. Nicht mehr nur der wirtschaftliche oder religiöse Aspekt, sondern Neugier war nun Reiseantrieb. Reisen sollten den Horizont weiten. Diesem Verständnis des **Unterwegsseins als intellektueller Bereicherung** lag seit dem 18. Jahrhundert die Hoffnung zugrunde, durch das Reisen eine **Verwandlung** zu erleben. Unterwegssein wurde als **Persönlichkeitsbildung** verstanden.

In der **epischen Literatur** entstanden seit dieser Zeit viele **Reiseberichte** (z. B. Johann Wolfgang von Goethe: Italienische Reise, 1813–1817; Heinrich Heine: Die Harzreise, 1826; Theodor Fontane: Wanderungen durch die Mark Brandenburg, 1862–1889), aber auch fiktive **Reiseromane,** die neben dem abenteuerlichen Aspekt oft gesellschaftskritische Ansichten transportierten (z. B. Jonathan Swift: Gullivers Reisen, 1726; Jules Verne: In 80 Tagen um die Welt, 1873). Im 20. Jahrhundert galt Unterwegssein als **Ausdruck eines modernen Lebensgefühls der Rastlosigkeit und Unruhe,** aber auch der **Freiheit und Unabhängigkeit** (Jack Kerouac: Unterwegs, 1957; Wolfgang Herrndorf: Tschick, 2010).

In der **Lyrik** stand vor allem die Wirkung der Reise auf den **lyrischen Sprecher** im Mittelpunkt. Schon früh wurde die Reise als **Symbol für die Wandlungen des Lebens** genutzt: Im Bild der Wanderung oder der Schifffahrt wurden Vorstellungen vom Lauf des Lebens gespiegelt. Während man bis zum 18. Jahrhundert zu Fuß, mit der Kutsche oder per Schiff reiste, taten sich ab dem ausgehenden 19. Jahrhundert neue Transportmöglichkeiten auf: Eisenbahn, Autos und später auch Flugzeuge erhöhten das **Reisetempo.** Gleichzeitig verlor Reisen seine Exklusivität, **Reisen in Massen** wurde nun auch zum Thema in der Lyrik (z. B. Ralf Thenior: Gran Canaria, 1977).

Nicht nur das Reisen, auch die **Haltung zum Reisen** veränderte sich über die Jahrhunderte: War Reisen als Pilger- oder Bildungsreise positiv konnotiert und die Wanderung in der romantischen Literatur (ca. 1795–1840) als Selbstzweck schon ein Wert, wurde das Reisen bereits im 18. Jahrhundert, vermehrt aber ab dem 20. Jahrhundert auch mit kritischer Distanz gesehen: Die Hoffnung, im Reisen die Identität zu bereichern, galt bereits Schiller und Goethe als trügerisch. Im 20. Jahrhundert thematisierten viele Gedichte eine geistlose Oberflächlichkeit des Reisens. Zugleich gewannen Bilder vom Unterwegssein an Bedeutung, die als **Metaphern für Selbstfindung, Wandel von Lebensphasen,** aber auch als **Bedrohung von Identität** und Verlust von Lebensmittelpunkten standen.

Im 21. Jahrhundert entsteht mit der digitalen Welt ein neues Verständnis vom Reisen: Die **Möglichkeit virtueller Reisen** im Netz wirft die Frage auf, wie viel Realität für ein Gefühl des Unterwegsseins benötigt wird.

3.2 Leben und Vergehen – „Unterwegssein" in der Lyrik des Barock

Andreas Gryphius: Betrachtung der Zeit (1643)

Mein sind die Jahre nicht die mir die Zeit genommen /
Mein sind die Jahre nicht / die etwa möchten kommen
Der Augenblick ist mein / und nehm' ich den in acht
So ist der mein / der Jahr und Ewigkeit gemacht.

Martin Opitz: Lied (1624)

Ach Liebste, lass uns eilen   Wir haben Zeit:
Es schadet das Verweilen   Uns beiderseit.
Der edlen Schönheit Gaben   Fliehn Fuß für Fuß,
Dass alles, was wir haben,   Verschwinden muss.
5 Der Wangen Zier verbleichet,   Das Haar wird greis,
Der Äuglein Feuer weichet,   Die Flamm wird Eis.
Das Mündlein von Korallen   Wird ungestalt.
Die Händ als Schnee verfallen,   Und du wirst alt.
Drumb lass uns jetzt genießen   Der Jugend Frucht,
10 Eh dann wir folgen müssen   Der Jahre Flucht.
Wo du dich selber liebest,   So liebe mich,
Gib mir, dass, wann du gibest,   Verlier auch ich.

1 a Die beiden Texte sind mehr als 350 Jahre alt. Tauschen Sie sich darüber aus, ob und was Sie auch heute noch aktuell finden.
   b Vergleichen Sie beide Gedichte und notieren Sie Ähnlichkeiten in Bezug auf Thema und Ausdrucksweise.

2 Lesen Sie die Information zur Lyrik des Barock und notieren Sie in Ihrem Kursheft, welche epochenspezifischen Themen und Merkmale Sie in beiden Gedichten jeweils erkennen.

3 Barocke Dichter verfolgen oft das Ziel, ästhetischen Genuss mit moralischem Nutzen zu verbinden. Welche moralische Aufforderung an die Leser können Sie aus den Texten ableiten? Formulieren Sie in Ihrem Kursheft.

Info Lyrik des Barock

Die Literaturepoche des **Barock (ca. 1600–1720)** war durch den zeithistorischen Hintergrund geprägt. Der **Dreißigjährige Krieg (1618–1648)** führte durch seine Schrecken zu einem **alltäglichen Todesbewusstsein,** das aber auch mit einer Glaubenshoffnung verbunden war: Der Tod war nicht nur angstbesetzt, sondern wurde auch als Ankunft bei Gott verstanden. Alles Irdische ist demnach vergänglich, das Beständige gibt es nur im Jenseits. Zugleich rief die Allgegenwärtigkeit des Todes **Lebenslust und Lebensgier** hervor. Da das Leben jederzeit enden konnte, galt es, keinen Tag zu verschwenden. In der barocken Lyrik spiegelt sich das in drei zentralen Motiven:
- „memento mori": frei übersetzt: „Bedenke, dass du sterben musst."
- „carpe diem": „Pflücke, d. h., nutze den Tag."
- „vanitas": „Eitelkeit" im Sinne von „Nichtigkeit, Vergänglichkeit alles Irdischen"

Thematisch prägen **antithetische Gegensatzpaare** die Gedichte jener Zeit: Diesseits – Jenseits, Schein – Sein, Lebenshunger – Todesbewusstsein, Lebenslust – Weltflucht.

Da viele barocke Dichter zu Bildungszwecken fremde Länder erkundeten, wurden **Reiseerfahrungen** oft Gegenstand ihrer Texte. In der Lyrik zeigt sich das in dichterischen Bildern von Reiseeindrücken, die jedoch selten individuell geprägt waren. Vielmehr stand das persönliche Erlebnis des Unterwegsseins nur als Beispiel für Allgemeines, als Exempel des menschlichen Lebens. **Bilder vom Reisen** wurden im Barock daher vor allem als **Sinnbilder für das Leben oder für das Vergehen der Zeit** genutzt. Der Tod und die Ankunft bei Gott galten oftmals als Ziel der Reise, das Diesseits erschien dagegen als Irrgarten, Chaos oder Leidensort, dem es zu entkommen galt. In anderen Texten wurde zum Genuss der uns geschenkten Zeit aufgefordert, etwa wenn vom Jahreszyklus gesprochen wurde und der Frühling und der Sommer als Phasen intensiven Lebens erschienen.

Barocke Gedichte sind von einem strengen **Formbewusstsein** geprägt, es gab klare Anleitungen zur Gedichtkunst. Dabei schreiten die Gedichte in ihrer inhaltlichen Aussage meist nicht voran, sondern umkreisen eine Hauptidee, einen Hauptgedanken in immer neuen sprachlichen Bildern. Die Gedichtform des **Sonetts** mit seiner Antithetik der Inhalte (▶ Information, S. 65) erlebt im Barock eine Blüte.

Das Leben als Schifffahrt – Ein barockes Sonett analysieren

1 Das Leben als Schifffahrt – Tauschen Sie sich darüber aus, welche Assoziationen Sie damit verbinden.

Andreas Gryphius: An die Welt (1650)

Leseeindrücke, Fragen, Verstehens-ansätze:

MEin offt bestürmbtes Schiff der grimmen Winde Spil
Der frechen Wellen Baal / das schir die Flutt getrennet /
Das über Klip auff Klip / und Schaum / und Sandt gerennet /
Komt vor der Zeit an Port[1] / den meine Seele wil.

5 Offt / wenn uns schwartze Nacht im Mittag überfil
Hat der geschwinde Plitz die Segel schir verbrennet!
Wie offt hab ich den Wind / und Nord' und Sud verkennet!
Wie schadhafft ist Spriet[2] / Mast / Steur / Ruder / Schwerdt[3] und Kill[4].

Steig aus du müder Geist / steig aus! wir sind am Lande!
10 Was graut dir für dem Port / itzt wirst du aller Bande
Vnd Angst / und herber Pein / und schwerer Schmertzen loß.

Ade / verfluchte Welt: du See voll rauer Stürme!
Glück zu mein Vaterland / das stette Ruh' im Schirme
Vnd Schutz und Friden hält / du ewig-lichtes Schloß!

---
1 **Port:** Hafen
2 **Spriet:** Querstange zum Ausspannen des Segels
3 **Schwerdt = Schwert:** Platte, die im Rumpf eines Schiffes eingelassen wird, dient der Steuerung
4 **Kill = Kiel:** längs im Boden eines Schiffes oder Bootes angebrachte Verbindung

2
a Notieren Sie mit einem Bleistift an den Rand des Gedichts Leseeindrücke, Fragen, Verstehensansätze.
b Prüfen Sie, inwieweit sich Ihre Assoziationen (▶ Aufgabe 1) im Gedicht wiederfinden.
c Übertragen Sie das Gedicht mit einer Partnerin / einem Partner in heutiges Deutsch. Arbeiten Sie im Kursheft.

3 Übertragen Sie die Tabelle in Ihr Kursheft und analysieren Sie das Gedicht anhand folgender Teilaufgaben:
a Fassen Sie den Inhalt jeder Strophe in einem Satz zusammen.
b Formulieren Sie jeweils eine thematische Aussage/Deutung des Inhalts.
c Bestimmen Sie anhand der Informationen zum Sonett den Aufbau des Gedichts.

Aufbau	Inhalt	Aussage/Deutung
1. Strophe (Quartett I)	Ein Schiff, das viele Stürme überstanden hat, ...	Leben als bewegende Schifffahrt
2. Strophe (...)	...	...

4 Erschließen Sie den antithetischen Kontrast zwischen den Quartetten und Terzetten. Beziehen Sie dabei die Verwendung des Alexandriners (▶ Information) ein. Belegen Sie Ihre Aussagen am Text. Arbeiten Sie in Ihrem Kursheft.

Info Sonett und Alexandriner

Aufgrund seiner strengen Form und seines oft antithetischen Aufbaus war das **Sonett** im Barock sehr beliebt, wurde im 18. Jahrhundert eher gemieden und erlebte in der Romantik eine Wiederkehr. Das Sonett (lat. *sonare:* klingen) ist ein Reimgedicht von 14 Versen, das in zwei vierzeilige und zwei dreizeilige Strophen **(Quartette und Terzette)** eingeteilt ist. Diese stehen oft in einem **antithetischen Kontrast,** etwa wenn die Quartette einen problematischen Zustand aufzeigen (oft als Thesis – Antithesis), der in den Terzetten aufgelöst wird (Conclusio). Die Spannungen betreffen oft die Zeit (früher – heute) oder gedankliche Oppositionen (Vergänglichkeit – Ewigkeit). Im Barock nutzte das Sonett häufig die Versform des **Alexandriners.** Der Alexandriner ist ein sechshebiger Jambus mit einem inhaltlichen Bruch (Zäsur) nach der dritten Hebung. Der zweite Teil des Verses steht oft im Gegensatz zum ersten, zuweilen wird das im ersten Teil Gesagte auch nur ergänzt (Additum) oder erläutert (Explikation).

5 a Untersuchen Sie die sprachliche Gestaltung des Sonetts, insbesondere die Bildfelder (▶ Information). Erschließen Sie zunächst die Metaphorik des Bildfeldes „Schifffahrt" und ergänzen Sie die folgende Grafik:

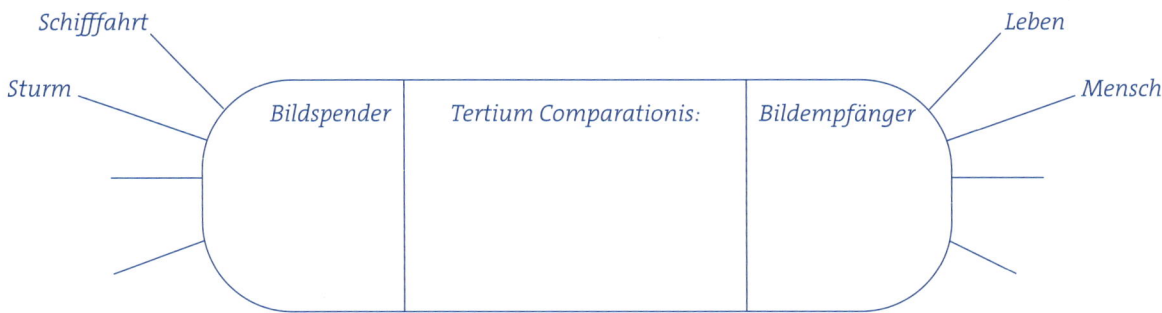

b Bündeln Sie Ihre Ergebnisse aus der Grafik in Deutungsthesen:

Mit dem Bildfeld der Schifffahrt wird im Sonett verdeutlicht,

c Verfahren Sie auf die gleiche Weise mit dem Bildfeld „Hafen". Arbeiten Sie in Ihrem Kursheft.

6 a Markieren Sie im Gedicht Beispiele für Akkumulationen, Alliterationen, Assonanzen und Parallelismen (▶ Information).
b Fassen Sie zusammen, welche Wirkung die sprachlichen Mittel erzeugen.

7 Arbeiten Sie heraus, welche inhaltlichen Aussagen und Motive typisch für die Epoche des Barock sind (▶ Information, S. 64). Arbeiten Sie in Ihrem Kursheft. So können Sie beginnen:
Inhalt: Heilsordnung – der irdischen Not stellt ...
Motive: ...

Info **Sprachliche Mittel**

In Gedichten werden häufig **Bildfelder** entfaltet, die sich aus mehreren Sprachbildern (Vergleiche, Metaphern, Personifikationen) zusammensetzen:
- Bei einer **Metapher** wird ein Begriff aus einem Vorstellungsbereich ohne Vergleichswort (z. B. *wie*) in einen anderen Bedeutungsbereich übertragen. Die beiden Bereiche haben mindestens eine Eigenschaft gemeinsam, die die Übertragung erst ermöglicht (Tertium Comparationis).
  Beispiel: *Schifffahrt (Bildspender) → Übertragung: Leben (Bildempfänger), Tertium Comparationis: Bewegung auf ein Ziel zu, Unwägbarkeiten, Schicksalsschläge*
- **Personifikation:** Sonderform der Metapher, bei der Gegenstände oder Bereiche vermenschlicht werden, z. B.: *Die großen Städte knien nieder.*

Weitere wichtige sprachliche Mittel sind unter anderem:
- **Akkumulation:** Reihung von Begriffen zu einem genannten oder nicht genannten Oberbegriff, z. B.: *Feuer, Pest und Tod*
- **Alliteration:** Wiederholung des Anfangslautes benachbarter Wörter oder auch Silben: *Geist in diesen Gliedern*
- **Assonanz:** Gleichklang von Vokalen, z. B.: *der grimmen Winde Spil*
- **Anapher:** Wiederholung eines oder mehrerer Wörter an Satz- oder Versanfängen
- **Parallelismus:** Wiederholung syntaktischer Strukturen, z. B.: *nun reden lauter alle – nun erwachen alle Lieder.*

3.3 Veränderung und Beständigkeit – Von der Aufklärung zur Weimarer Klassik

Unterwegssein und Glück – Ein aufklärerisches Lehrgedicht erschließen

Johann Peter Uz[1]: Versuch über die Kunst, stets fröhlich zu sein – Auszug aus dem 1. Brief v. 1749

Er sah ein lustig Tal, das mit Gebüsch umschlossen,
ein Garten Gottes war, wo Bäche silbern flossen.
Balsamischer Geruch durchstrich den kleinen Raum,
und unter Cedern ging ein Mensch im tiefen Traum.
5 Die Lilje buhlt umsonst nach seinen starren Blicken;
Die süße Feige sprach: tritt her, dich zu erquicken!
Umsonst! er sah sie nicht, er sah nur in den Sand,
nach einem schnöden Kies, der glänzt und schnell verschwand.

Er kam zum Rosenstrauch; die raschen Finger brachen
10 begierig Rosen ab, und ihre Dornen stachen.
Er sah durch hohes Gras die bunte Schlange fliehn:
Mutwillig kroch er nach, und sie verwundet' ihn.
Wehklagend schrie der Mensch: ach! wär ich nie geboren!
hat eine ganze Welt sich wider mich verschworen?
15 O Aufenthalt der Qual! ... Halt ein! was zürnest du,
wenn du dich elend machst? rief ihm die Stimme zu.
Du, den die Freude sucht, fliehst, was du suchen solltest:
und könntest glücklich sein, wenn du vernünftig wolltest:
Genieße deines Glücks! Die Kunst sich zu erfreun
20 ist, für den Sterblichen, die Kunst beglückt zu sein.

---
1 **Johann Peter Uz** (1720–1796): deutscher Dichter

1 Fassen Sie den Inhalt des Gedichts mit eigenen Worten zusammen.

2 a Markieren Sie im Gedicht mit verschiedenen Farben, wie die Welt dargestellt wird und wie der Mensch sich in ihr verhält.
b Leiten Sie daraus eine Textaussage ab.

c Das Gedicht gilt als „Lehrgedicht". Formulieren Sie eine Lehre in Form einer Aufforderung an den Menschen.

3 Prüfen Sie anhand der Information (▶ S. 71), welche typischen Merkmale der Aufklärung das Gedicht aufweist.

Liebend unterwegs – Deutungsthesen zu einem Sturm-und-Drang-Gedicht prüfen

1 Notieren Sie in Ihrem Kursheft, was Sie aufgrund des Informationstextes und des Gedichttitels erwarten.

Im März 1770 begann Goethe als 20-Jähriger ein Jurastudium in Straßburg und verliebte sich dort in eine Pfarrerstochter aus Sesenheim. Die zu dieser Zeit entstandenen „Sesenheimer Lieder" markierten in der Geschichte der deutschen Lyrik einen Neubeginn: Das Erleben des lyrischen Ichs, das individuelle Bewusstsein sollte ausgedrückt werden. Die Natur erscheint nicht mehr nur als Metapher, sondern als Teil der Identität des lyrischen Ichs. Auch „Pilgers Morgenlied" ist an eine junge Dame gerichtet, an Luise von Ziegler, genannt Lila, die Hofdame der Darmstädter Prinzessin und späteren Homburger Landgräfin Caroline war. Goethe lernte sie im Frühjahr 1772 kennen und widmete ihr später dieses Gedicht.

Johann Wolfgang Goethe: Pilgers[1] Morgenlied (1772)
An Lila

Morgennebel, Lila,
Hüllen deinen Turn[2] um.
Soll ich ihn zum
Letzten Mal nicht sehn!
5 Doch mir schweben
Tausend Bilder
Seliger Erinnerung
Heilig warm ums Herz.
Wie er so stand,
10 Zeuge meiner Wonne,
Als zum ersten Mal
Du dem Fremdling
Ängstlich liebevoll
Begegnetest
15 Und mit einem Mal
Ew'ge Flammen
In die Seel' ihm warfst! –
Zische, Nord,
Tausendschlangenzüngig
20 Mir ums Haupt!
Beugen sollst du's nicht!
Beugen magst du
Kind'scher Zweige Haupt,
Von der Sonne
25 Muttergegenwart geschieden.
Allgegenwärt'ge Liebe!
Durchglühst mich!
Beutst[3] dem Wetter die Stirn,
Gefahren die Brust!
30 Hast mir gegossen
Ins früh welkende Herz
Doppeltes Leben,
Freude, zu leben,
Und Mut!

---
[1] **Pilger:** Goethe bezeichnete sich zu der Zeit oft als Pilger im Sinne von Wanderer.
[2] **Turn:** Turm des Schlosses zu Homburg, in dem Luise von Ziegler, genannt Lila, lebte
[3] **beutst:** du bietest

2 Tauschen Sie sich darüber aus, inwieweit Ihre Erwartungen (▶ Aufgabe 1) erfüllt wurden.

3 Analysieren Sie das Gedicht hinsichtlich Inhalt und Form. Arbeiten Sie in Ihrem Kursheft.

4 a Informieren Sie sich über die Epoche des Sturm und Drang (▶ Information, S. 71) und belegen Sie die folgenden Deutungsthesen am Text:

Deutungsthese	Textbeleg
Die Verse stehen auf dem Papier wie der Turm, der als Symbol der Liebesorientierung dient.	
Die angesprochene Frau erhält keine individuellen Züge; nicht sie, sondern die intensiven Gefühle des lyrischen Ichs stehen im Mittelpunkt. Sein Seelengeschehen sucht Ausdruck.	
Das Metrum ist Ausdruck der Jugend und des Überschwangs des Pilgers.	
Die Liebe ist eine Ausprägung des Göttlichen im Inneren.	
Die dargestellte Natur meint nicht sich selbst, sondern ist Teil eines inneren Ringens.	

b Formulieren Sie in Ihrem Kursheft mit eigenen Worten einen kurzen Text zum Gesamtverständnis des Gedichts.

Wandel und Beständigkeit – Inhalt und Metrum eines klassischen Gedichts untersuchen

Johann Wolfgang von Goethe: **Dauer im Wechsel** (1803)

Hielte diesen frühen Segen,
Ach, nur eine Stunde fest!
Aber vollen Blütenregen
Schüttelt schon der laue West.
5 Soll ich mich des Grünen freuen,
Dem ich Schatten erst verdankt?
Bald wird Sturm auch das zerstreuen,
Wenn es falb im Herbst geschwankt.

Willst du nach den Früchten greifen,
10 Eilig nimm dein Teil davon!
Diese fangen an zu reifen,
Und die andern keimen schon;
Gleich mit jedem Regengusse
Ändert sich dein holdes Tal,
15 Ach, und in demselben Flusse
Schwimmst du nicht zum zweiten Mal.

Du nun selbst! Was felsenfeste
Sich vor dir hervorgetan,
Mauern siehst du, siehst Paläste
20 Stets mit andern Augen an.
Weggeschwunden ist die Lippe,
Die im Kusse sonst genas,
Jener Fuß, der an der Klippe
Sich mit Gemsenfreche maß.

25 Jene Hand, die gern und milde
Sich bewegte, wohlzutun,
Das gegliederte Gebilde,
Alles ist ein andres nun.
Und was sich an jener Stelle
30 Nun mit deinem Namen nennt,
Kam herbei wie eine Welle,
Und so eilt's zum Element.

Lass den Anfang mit dem Ende
Sich in eins zusammenzieh'n!
35 Schneller als die Gegenstände
Selber dich vorüberflieh'n.
Danke, dass die Gunst der Musen
Unvergängliches verheißt:
Den Gehalt in deinem Busen
40 Und die Form in deinem Geist.

1 a Notieren Sie neben jede Strophe, ob hier eher von Dauer (D) oder von Wechsel (W) die Rede ist.
   b Arbeiten Sie heraus, für welche Lebensbereiche das Dauerhafte und für welche der Wechsel aufgezeigt wird.

Wechsel: Jahreszeiten, _____

_____

Dauer: _____

   c Konkretisieren Sie für die Jahreszeiten, welcher Wechsel dargestellt wird.

_____

_____

   d Deuten Sie den Titel des Gedichts. Worin besteht eine Dauer im Wechsel?
   e In der Sekundärliteratur wird der Wandel der Jahreszeiten teils als Bild für Vergänglichkeit, teils als Zyklus der Wiederkehr gedeutet. Welcher Deutung schließen Sie sich an? Begründen Sie im Kursheft. Führen Sie Textbelege an.

2 Bestimmen Sie Reimform und Metrum (▸ Information, S. 73) und beschreiben Sie die erzeugte Wirkung.

Reimform: _____ *Metrum:* _____ *Wirkung:* _____

_____

3 Bündeln Sie Ihre Analyseergebnisse. Formulieren Sie in Ihrem Kursheft Deutungsthesen zu Inhalt und Form und belegen Sie diese. So können Sie beginnen:
In dem Gedicht wird ein Kontrast dargestellt: Während die Realität ... (vgl. V. ...) ... /
Formal gespiegelt wird dies durch ein ... Metrum, nämlich ... / Das Gedicht in seiner Gesamtheit zeigt also ...

Das Ziel, der „Wellen Spiel" –
Inhalt und Reim eines klassischen Gedichts aufeinander beziehen

Friedrich Schiller: Der Pilgrim¹ (1803)

Noch in meines Lebens Lenze²
    War ich, und ich wandert aus,
Und der Jugend frohe Tänze
    Ließ ich in des Vaters Haus.

5 All mein Erbteil, meine Habe
    Warf ich fröhlich glaubend hin,
Und am leichten Pilgerstabe
    Zog ich fort mit Kindersinn.

Denn mich trieb ein mächtig Hoffen
10   Und ein dunkles Glaubenswort,
„Wandle", rief's, „der Weg ist offen,
    Immer nach dem Aufgang fort.

Bis zu einer goldnen Pforten
    Du gelangst, da gehst du ein,
15 Denn das Irdische wird dorten
    Himmlisch unvergänglich sein."

Abend ward's und wurde Morgen,
    Nimmer, nimmer stand ich still,
Aber immer blieb's verborgen,
20   Was ich suche, was ich will.

Berge lagen mir im Wege,
    Ströme hemmten meinen Fuß,
Über Schlünde baut ich Stege,
    Brücken durch den wilden Fluss.

25 Und zu eines Stroms Gestaden
    Kam ich, der nach Morgen floss;
Froh vertrauend seinem Faden,
    Werf ich mich in seinen Schoß.

Hin zu einem großen Meere
30   Trieb mich seiner Wellen Spiel;
Vor mir liegt's in weiter Leere,
    Näher bin ich nicht dem Ziel.

Ach, kein Steg will dahin führen,
    Ach, der Himmel über mir
35 Will die Erde nicht berühren,
    Und das Dort ist niemals Hier!

---
1 **Pilgrim:** Pilger
2 **Lenz:** Frühling

1 a Verdeutlichen Sie den Inhalt des Gedichts durch eine zeitliche Struktur.
Ergänzen Sie dazu die folgende Grafik:

Aufbruch	Reise	_____
V. 1–6: Abschied vom Vaterhaus,		

b Formulieren Sie die Erkenntnis des lyrischen Ichs in den Schlussstrophen mit eigenen Worten.

2 a Bestimmen Sie die Reimform.

b Markieren Sie Reimpaare, in denen inhaltliche Aussagen miteinander verbunden werden.
c Stellen Sie diese Reimpaare anschließend in den Gesamtzusammenhang des Gedichts.
Arbeiten Sie in Ihrem Kursheft. Beispiel:
Lenze – Tänze (V. 1 / V. 3): die Jugend (Lenze) wird als fröhlich (Tänze) erlebt → diese schöne Realität wird für eine unsichere Zukunft aufgegeben …

3 Prüfen Sie, inwieweit das Gedicht typisch für die Weimarer Klassik (▶ Information, S. 71) ist.

> **Info** Lyrik des 18. Jahrhunderts: Aufklärung – Sturm und Drang – Weimarer Klassik
>
> Das Zeitalter der **Aufklärung** (1720–1800) war von einer Neubewertung der Vernunft geprägt. Die Vernunft galt nun als das Charakteristische des Menschen und es herrschte die Zuversicht, dass der Mensch durch den **Einsatz seines Verstandes** die Welt und auch sein eigenes Leben verbessern kann. Während man im Barockzeitalter das Diesseits immer in einem Spannungsverhältnis zum Jenseits als die wesentliche Existenzphase sah, gestanden sich die Menschen der Aufklärung zu, ihr Glück im „**Hier und Jetzt**" zu suchen. Dieser Anspruch hatte auch eine politische Dimension, denn das Glücksstreben wurde nicht nur dem Adel, sondern allen Menschen zugestanden. Dieses *Unterwegssein zum Glück* basierte auf der Überzeugung, dass jeder Mensch ein **selbstbestimmtes Individuum** sei, also nicht Objekt von anderen, und sein Leben mit seinem eigenen Verstand gestalten könne. Aufklärerisches Denken blickte aber nicht nur neu auf den einzelnen Menschen, sondern auch auf die Welt als Ganzes, auf die Natur und die Menschheit: Religiöse und tradierte Erklärungen von Phänomenen verloren an Bedeutung, der Mensch wollte die ihn umgebende Welt mit seinem Verstand erfassen und in ihren Zusammenhängen verstehen.
>
> Entsprechend diesen Grundüberzeugungen war die **Lyrik der Aufklärung** insbesondere von **Lehrgedichten** geprägt, die den Verstand des Lesers erreichen sollten. Reisen und Unterwegssein waren oft Anlass für Reflexionen, die weniger der Reise selbst galten als den damit verbundenen Hoffnungen und Lebenskonzepten, etwa der Hoffnung, im Reisen sein Glück zu finden.
>
> **Sturm und Drang** (1765–1785) und **Weimarer Klassik** (1786–1805) sind literarische Strömungen innerhalb der Aufklärung. Der **Sturm und Drang** war eine Jugendbewegung, der es wie den Aufklärern um die Selbstbestimmung des Individuums ging. Zugleich aber betonten die Stürmer und Dränger neben der Vernunft die **Bedeutung des Gefühls** als wesentlichen Teil der menschlichen Ganzheit. Die Künstler selbst verstanden sich als **Genies,** die aus sich selbst und ohne Regeln Kunst schaffen und damit einen göttlichen Funken zeigen. In der Zeit des Sturm und Drang prägte der junge Goethe (1749–1832) einen völlig neuen Ton in der europäischen Literatur. Er stellte in seiner **Erlebnislyrik** das subjektive Empfinden von Lebensereignissen heraus, worin sich auch die Wertschätzung von Individualität im 18. Jahrhundert spiegelt. Wenn in Gedichten des Sturm und Drang das Unterwegssein thematisiert wurde, dann meist mit Blick auf die Gefühle, die die Erlebnisse im lyrischen Sprecher auslösten. Die Leserinnen und Leser werden dabei zu emotionalem Miterleben angeregt. Formal war die Lyrik durch **einfache liedhafte Strophen, einen schwärmerischen Ton und freie Rhythmen** geprägt.
>
> Die **Weimarer Klassik** (1786–1805) umfasst die Phase, in der Goethe und Schiller als gereifte Männer an das **Kunst- und Menschenbild der Antike** anknüpften. Insbesondere wollten sie vermeintliche Widersprüche zwischen Gefühl und Vernunft überwinden und zu **Harmonie und Schönheit** gelangen. Alles Individuelle sollte nun im Universellen, Allgemeinmenschlichen aufgehen, an die Stelle schöpferischer Freiheit trat eine **Idealisierung** und Hervorbringung vollendeter Schönheit. Dies sollte durch Maß, Gesetz und Formstrenge erreicht werden, was sich darin widerspiegelt, dass in der Lyrik eine **metrisch regelmäßig gebundene, durchgeformte Verssprache** vorherrschend war. Reisen war den Klassikern ein Bild für die Dynamik des Lebens, dem Beständiges gegenübersteht, das unverändert allen Bewegungen zugrunde liegt. Reiseerlebnisse wurden zudem in ihrem Bildungswert reflektiert, denn in der Klassik schrieb man der Kunst auch eine „Erziehungsarbeit" zu.

4 Prüfen Sie für die folgenden Zitate, welches epochentypische Denken Sie darin entdecken.

	Typisch für:	Begründung:
Die Neugier eines ehrlichen Mannes steht da gern stille, wo Wahrheitsliebe sie nicht weitertreibt. *(Lessing: Anti-Goeze)*		
Ich bin nun ganz eingeschifft auf der Woge der Welt – voll entschlossen: zu entdecken, gewinnen, streiten, scheitern oder mich mit aller Ladung in die Luft zu sprengen. *(Goethe in einem Brief an Lavater)*		
Der Langsamste, der sein Ziel nur nicht aus den Augen verliert, geht immer noch geschwinder als der, der ohne Ziel herumirrt. *(Lessing: Hamburgische Dramaturgie)*		
Immer strebe zum Ganzen, und kannst du selber kein Ganzes werden, als dienendes Glied schließ an ein Ganzes dich an. *(Schiller: Pflicht für jeden)*		

3.4 Weltflucht und Heimkehr – Von der Romantik zum Realismus

Fernweh als Programm – Das Aufbruchsmotiv der Romantik erschließen

Joseph von Eichendorff: Der frohe Wandersmann (1823)

Wem Gott will rechte Gunst erweisen,
Den schickt er in die weite Welt,
Dem will er seine Wunder weisen
In Berg und Wald und Strom und Feld.

5 Die Trägen, die zu Hause liegen,
Erquicket nicht das Morgenrot,
Sie wissen nur vom Kinderwiegen,
Von Sorgen, Last und Not um Brot.

Die Bächlein von den Bergen springen,
10 Die Lerchen schwirren hoch vor Lust,
Was sollt' ich nicht mit ihnen singen
Aus voller Kehl' und frischer Brust?

Den lieben Gott lass ich nur walten;
Der Bächlein, Lerchen, Wald und Feld
15 Und Erd' und Himmel will erhalten,
Hat auch mein' Sach' aufs Best' bestellt.

Caspar David Friedrich: Auf dem Segler (Öl auf Leinwand, um 1818)

1 a Gedicht und Bild sind fast 200 Jahre alt. Benennen Sie das beschriebene bzw. gezeigte Lebensgefühl und beurteilen Sie, ob dieses heute noch aktuell ist.
b Tauschen Sie sich darüber aus, ob 1823 auch von einer „Wandersfrau" die Rede sein könnte.

2 Arbeiten Sie anhand der Aspekte in der ersten Spalte gegenüberstellend heraus, was im Gedicht über die Reisenden und was über die Daheimgebliebenen gesagt wird.

Aspekt	Reisende	Daheimgebliebene
Bezeichnung:	*froher Wandersmann …*	
Zugeordnete Begriffe:	*weite Welt …*	

3 a Markieren Sie im Gedicht die sprachlichen Mittel (▶ Information, S. 66), die eine Aufbruchsstimmung unterstreichen.
b Beschreiben Sie wie im Beispiel der Alliteration die Wirkung dieser Mittel.
Alliteration: V. 1–4; wirkt einprägsam, viele der Wörter werden positiv mit dem Reisen verbunden …

3.4 WELTFLUCHT UND HEIMKEHR – VON DER ROMANTIK ZUM REALISMUS

4 **a** Untersuchen Sie die formale Gestaltung des Gedichts, indem Sie Reim und Metrum (▶ Information) bestimmen.

Reim: _____ *Metrum:* _____

Tipp: Zur Bestimmung des Metrums wählen Sie einen Vers mit vielen zweisilbigen Wörtern (z. B. V. 3). Prüfen Sie, ob diese auf der ersten Silbe betont sind: Wun̄der. Testen Sie, ob der gewählte Vers insgesamt der metrischen Abfolge folgt, die diese Zweisilber vorgeben, und ob das bestimmte Metrum dieses Verses auch für die anderen Verse gilt.

b Deuten Sie mit Blick auf den Inhalt, warum das Gedicht ein einheitliches Metrum besitzt:

Die metrisch einheitliche Gestaltung spiegelt _____

_____

Info — Reim und Metrum

Der **Reim** bezeichnet den Gleichklang von Versenden. Man unterscheidet **Paarreim** (aabb), **Kreuzreim** (abab), **umarmenden Reim** (abba) und **Schweifreim** (aabccb). Darüber hinaus spricht man vom **Binnenreim,** wenn sich mehrere Wörter innerhalb eines Verses reimen *(Not um Brot)*.
Als **Metrik** bezeichnet man die regelmäßige Abfolge von betonten (x̄) und unbetonten (x) Silben:
Jambus (steigend): xx̄ z. B. *Ged<u>i</u>cht, Geb<u>o</u>t*   **Anapäst** (steigend): xxx̄ z. B. *Anap<u>ä</u>st, Trad<u>i</u>tion*
Trochäus (fallend): x̄x z. B. *D<u>i</u>chter, d<u>e</u>nken*   **Daktylus** (fallend): x̄xx z. B. *D<u>a</u>ktylus, S<u>o</u>nnenschein*

5 Erörtern Sie, inwiefern das Gedicht typisch ist für die Epoche der Romantik (▶ Information).
a Arbeiten Sie typische Motive der Romantik aus dem Gedicht heraus. Achten Sie besonders auf die Wortwahl.

– *Morgenrot*

_____

_____

b Erläutern Sie in Ihrem Kursheft, inwieweit Eichendorffs Vorstellung vom Reisen typisch romantisch ist.

6 Beschreiben Sie in Ihrem Kursheft das Gemälde von Caspar David Friedrich (1774–1840) in Bezug auf die romantische Darstellung des Reisens. Gehen Sie dabei auch auf Bildaufbau, Farbgebung und Figurendarstellung ein.

7 Fertigen Sie in Ihrem Kursheft eine vollständige Analyse und Interpretation an, indem Sie die These erörtern, dass der Reisende im Gedicht als ein von Gott begünstigter Mensch dargestellt wird. Führen Sie Textbelege an. Nutzen Sie Ihre Vorarbeiten aus den Aufgaben 2 bis 5.

Info — Lyrik des 19. Jahrhunderts: Romantik (ca. 1795 – ca. 1840)

Die Zeit der **Romantik** wurde durch die **Revolutions- und die napoleonischen Kriege** bestimmt. Mit dem Zusammenbruch des napoleonischen Imperiums (1815) etablierte sich die alte Staatsordnung neu **(Restauration)**. Für die fortschrittlichen Kräfte blieben ein deutscher Nationalstaat mit einer liberalen Verfassung sowie die Selbstverwirklichung des Individuums eine Utopie. Die romantischen Dichter antworteten auf diese Realität mit **Entgrenzungsversuchen** und suchten vielfach den **Weg nach innen.** Zwar fühlten sie sich der klassischen Vorstellung einer harmonischen Verbindung von Gefühl und Verstand verbunden, dieses Menschenbild erschien ihnen jedoch unvollständig. Aus ihrer Sicht fehlte das von der Norm Abweichende, **Fantastische,** jenseits vom Begreifbaren Liegende. Sie interessierten sich für das Mittelalter, sahen die Nacht als wesentliche Tageszeit an, träumten vom Reisen. Die **romantische Reisesehnsucht** verfolgte dabei kein klar umrissenes Ziel, vielmehr war der **Aufbruch ins Unbestimmte** der eigentliche Reiz, als Gegenbild zum Verharren in einer banalen Gegenwart. Unterwegssein war für die Romantiker ein **Lebensgefühl,** das sie suchten, um dem Alltag zu entfliehen **(Eskapismus).** Typische **Motive** (▶ Information, S. 62) romantischer Lyrik sind: Aufbruch und Einkehr, Nacht, Traum, Wanderschaft.

Lebensentscheidung als Weggabelung – Gedichte aus zwei Jahrhunderten vergleichen

Wilhelm Müller: Der Wegweiser (1823)

Was vermeid' ich denn die Wege,
Wo die anderen Wandrer gehn,
Suche mir versteckte Stege
Durch beschneite Felsenhöhn?

5 Habe ja doch nichts begangen,
Dass ich Menschen sollte scheun –
Welch ein törichtes Verlangen
Treibt mich in die Wüstenein?

Weiser stehen auf den Straßen,
10 Weisen auf die Städte zu,
Und ich wandre sondermaßen,
Ohne Ruh', und suche Ruh'.

Einen Weiser seh' ich stehen
Unverrückt vor meinem Blick;
15 Eine Straße muss ich gehen,
Die noch keiner ging zurück.

Robert Frost: The road not taken (1916)
Übersetzung von Paul Celan: **Der unbegangene Weg** (1963)

In einem gelben Wald, da lief die Straße auseinander,
und ich, betrübt, dass ich, *ein* Wandrer bleibend, nicht
die beiden Wege gehen konnte, stand
und sah dem einen nach, so weit es ging:
5 bis dorthin, wo er sich im Unterholz verlor.

Und schlug den andern ein, nicht minder schön als jener,
und schritt damit auf dem vielleicht, der höher galt,
denn er war grasig und er wollt begangen sein,
obgleich, was dies betraf, die dort zu gehen pflegten,
10 sie beide, den und jenen, gleich begangen hatten.

Und beide lagen sie an jenem Morgen gleicherweise
voll Laubes, das kein Schritt noch schwarzgetreten hatte.
Oh, für ein andermal hob ich mir jenen ersten auf!
Doch wissend, wie's mit Wegen ist, wie Weg zu Weg führt,
15 erschien mir zweifelhaft, dass ich je wiederkommen würde.

Dies alles sage ich, mit einem Ach darin, dereinst
und irgendwo nach Jahr und Jahr und Jahr:
Im Wald, da war ein Weg, der Weg lief auseinander,
und ich – ich schlug den einen ein, den weniger begangnen,
20 und dieses war der ganze Unterschied.

1
a Benennen Sie die zentrale Textaussage in beiden Gedichten.
b Markieren Sie jeweils Textstellen, die diese Aussage belegen.

Textaussage „Der Wegweiser": _____

Textaussage „Der unbegangene Weg": _____

2 Untersuchen Sie in beiden Gedichten, wie die Wege gekennzeichnet sind, die das lyrische Ich geht bzw. nicht geht.

	Wege, die gegangen werden	Wege, die nicht gegangen werden
„Der Wegweiser"	*sind versteckt …*	
„Der unbegangene Weg"		*verliert sich im Unterholz …*

3
a Benennen Sie typische Merkmale romantischen Unterwegsseins im Gedicht „Der Wegweiser" (▶ Information, S. 73). Erläutern Sie in diesem Zusammenhang auch, inwiefern das Gedicht als volksliedhaft (▶ Information) bezeichnet werden kann. Arbeiten Sie in Ihrem Kursheft.
b Prüfen Sie, ob sich auch im Gedicht von Robert Frost typisch romantische Vorstellungen vom Reisen finden.

4 Beziehen Sie beide Gedichte auf den Lebensweg eines Menschen, indem Sie sprachliche Bilder wie *Wüstenei*, *Unterholz* etc. metaphorisch für typische Lebenssituationen deuten. Formulieren Sie Ihre Ergebnisse im Kursheft.

Info — Volksliedhafte Lyrik

In der **Lyrik der Romantik** finden sich viele Gedichte, die sich am Volkslied orientieren: Es werden **allgemeinmenschliche Empfindungen und wiederkehrende Situationen** dargestellt (z. B. Abschied, Entscheidung, Liebesleid). Die Texte weisen eine **volkstümliche Schlichtheit** auf, oft handelt es sich um vierzeilige Strophen mit vier Hebungen und einem eingängigen Wechsel von männlichen und weiblichen Endungen.

3.4 Weltflucht und Heimkehr – Von der Romantik zum Realismus

Unterwegs und daheim – Gedichte des Realismus erschließen

Heinrich Heine: **Jetzt wohin?** (1830)

Jetzt wohin? Der dumme Fuß
Will mich gern nach Deutschland tragen;
Doch es schüttelt klug das Haupt
Mein Verstand und scheint zu sagen:

5 Zwar beendigt ist der Krieg,
Doch die Kriegsgerichte blieben,
Und es heißt, du habest einst
Viel Erschießliches geschrieben.

Das ist wahr, unangenehm
10 Wär mir das Erschossenwerden.
Bin kein Held, es fehlen mir
Die pathetischen Gebärden.

Gern würd ich nach England gehn,
Wären dort nicht Kohlendämpfe
15 Und Engländer – schon ihr Duft
Gibt Erbrechen mir und Krämpfe.

Manchmal kommt mir in den Sinn,
Nach Amerika zu segeln,
Nach dem großen Freiheitsstall,
20 Der bewohnt von Gleichheitsflegeln –

Doch es ängstet mich ein Land,
Wo die Menschen Tabak käuen,
Wo sie ohne König kegeln,
Wo sie ohne Spucknapf speien.

25 Russland, dieses schöne Reich,
Würde mir vielleicht behagen,
Doch im Winter könnte ich
Dort die Knute nicht ertragen.

Traurig schau ich in die Höh,
30 Wo viel tausend Sterne nicken –
Aber meinen eignen Stern
Kann ich nirgends dort erblicken.

Hat im güldnen Labyrinth
Sich vielleicht verirrt am Himmel,
35 Wie ich selber mich verirrt
In dem irdischen Getümmel. –

Theodor Fontane: **Unterwegs und wieder daheim** (1898) – Vierte Strophe

Ich bin hinauf, hinab gezogen
Und suchte Glück und sucht' es weit,
Es hat mein Suchen mich betrogen,
Und was ich fand, war Einsamkeit.

5 Ich hörte, wie das Leben lärmte,
Ich sah sein tausendfarbig Licht,
Es war kein Licht, das mich erwärmte,
Und echtes Leben war es nicht.

Und endlich bin ich heimgegangen
10 Zu alter Stell' und alter Lieb',
Und von mir ab fiel das Verlangen,
Das einst mich in die Ferne trieb.

Die Welt, die fremde, lohnt mit Kränkung,
Was sich, umwerbend, ihr gesellt;
15 Das Haus, die Heimat, die Beschränkung,
Die sind das Glück und sind die Welt.

1 a Benennen Sie für „Jetzt wohin?" das Thema und die zentrale Aussage des Gedichts.

_____

_____

b Tragen Sie in Ihrem Kursheft zusammen, was den lyrischen Sprecher davon abhält, in die unterschiedlichen Länder zu reisen.

2 Vergleichen Sie in Ihrem Kursheft Heines Gedicht mit dem von Theodor Fontane.
a Notieren Sie stichpunktartig Gemeinsamkeiten und Unterschiede hinsichtlich der Textaussage.
b Ordnen Sie beide Gedichte einer „realistischen Strömung" (▶ Information) zu. Begründen Sie Ihre Entscheidung.

3 Formulieren Sie in Ihrem Kursheft einen Vergleich zwischen dem realistischen Verständnis vom Reisen und jenem, wie es in der Romantik, etwa in Eichendorffs „Der frohe Wandersmann" (S. 72), deutlich wird.

Info   Lyrik des 19. Jahrhunderts: Realistische Strömungen

Im Laufe des 19. Jahrhunderts gewannen Formen der **realistischen Literatur** immer mehr an Bedeutung. In der Zeit des **Vormärz** (1830–1848; in der Literaturgeschichte spricht man auch vom **„Frührealismus"**) formulieren Gedichte häufig eine harsche politische Kritik an autoritären Herrschaftsverhältnissen. **Bilder des Reisens** waren mit **politischer Aktivität** verbunden: Man sah sich **unterwegs zu einer neuen Freiheit,** Lyrik verstand sich als **Waffe der Veränderung.** Mit dem Scheitern der Revolution von 1848 zog dann vermehrt ein melancholischer Ton in die Lyrik ein. Der **bürgerliche Realismus** (1848–1890) sah sich später weniger einer politischen Bewegung als einer **Abbildung des Wahren** verpflichtet.

3.5 Eine Welt im Umbruch – Lyrik der Moderne und des Expressionismus

Unterwegssein als Symbol – Ein Dinggedicht deuten

1 Tauschen Sie sich darüber aus, welche Verbindung Sie vom Titel des folgenden Gedichts zum Thema „Unterwegssein" herstellen.

Rainer Maria Rilke: Das Karussell (1907)
Jardin du Luxembourg

Mit einem Dach und seinem Schatten dreht
sich eine kleine Weile der Bestand
von bunten Pferden, alle aus dem Land,
das lange zögert, eh es untergeht.
5 Zwar manche sind an Wagen angespannt,
doch alle haben Mut in ihren Mienen;
ein böser roter Löwe geht mit ihnen
und dann und wann ein weißer Elefant.

Sogar ein Hirsch ist da, ganz wie im Wald,
10 nur dass er einen Sattel trägt und drüber
ein kleines blaues Mädchen aufgeschnallt.

Und auf dem Löwen reitet weiß ein Junge
und hält sich mit der kleinen heißen Hand,
dieweil der Löwe Zähne zeigt und Zunge.

15 Und dann und wann ein weißer Elefant.

Und auf den Pferden kommen sie vorüber,
auch Mädchen, helle, diesem Pferdesprunge
fast schon entwachsen; mitten in dem Schwunge
schauen sie auf, irgendwohin, herüber –

20 Und dann und wann ein weißer Elefant.

Und das geht hin und eilt sich, dass es endet,
und kreist und dreht sich nur und hat kein Ziel.
Ein Rot, ein Grün, ein Grau vorbeigesendet,
ein kleines kaum begonnenes Profil –.
25 Und manches Mal ein Lächeln, hergewendet,
ein seliges, das blendet und verschwendet
an dieses atemlose blinde Spiel ...

2 Untersuchen Sie das Gedicht hinsichtlich Inhalt und Form.
    a Markieren Sie dazu auf verschiedene Weise
       – sich wiederholende Wörter und Wortgruppen,
       – Wortfelder,
       – auffällige sprachliche Mittel (▶ Information, S. 66 und 79).
    b Erläutern Sie in Ihrem Kursheft den Zusammenhang zwischen Inhalt und Sprache. Nutzen Sie den Wortspeicher.

> spiegelt gleichmäßigen Rhythmus des Karussells •
> verdeutlicht Beschleunigung •
> erzeugt Ruhe •
> korrespondiert mit Atemlosigkeit •
> entspricht unaufhaltsamem Kreisen •
> ist Ausdruck von Wiederkehr

3 Erläutern Sie die symbolische Bedeutung des Karussells. Formulieren Sie dazu in Ihrem Kursheft eine These und eine textnahe Begründung.

4 Ordnen Sie das Gedicht in die Lyrik der Jahrhundertwende ein (▶ Information). Notieren Sie in Ihrem Kursheft typische Merkmale.

5 Diskutieren Sie: Passt das Gedicht „Karussell" zu einer Lyrikauswahl über das „Unterwegssein"?

Info   **Lyrik der Jahrhundertwende um 1900**

Zu Beginn des 20. Jahrhunderts grenzte sich gegen die anerkannte Literatur eine intellektuelle Bewegung ab, die **innovative Ausdrucksformen** suchte und sich als **„Moderne"** verstand. Hierbei gewann vor allem die Lyrik an Bedeutung, die sich durch ein vielfältiges **Nebeneinander von Stilrichtungen** auszeichnete. Allen gemeinsam war, dass sie eine **subjektive Sicht auf die Wirklichkeit** abbilden wollten. Den **Symbolisten** etwa ging es um Intuitionen, Träume oder das Unbewusste; sie wollten den Sinn realer Phänomene symbolhaft darstellen.
Rilkes **Dinggedichte** sind damit verwandt. Seit seiner Tätigkeit als Sekretär des Pariser Bildhauers Auguste Rodin (1840–1917) wurde ihm das Schauen und Zeigen in seinen Gedichten wichtig. Dazu präsentierte er Dinge, die als „Sinn-Bilder" überzeitlich Gültiges deutlich machen sollten.

Das Ich auf Reisen – Expressionistische Gedichte in ihrer Bildhaftigkeit erschließen

Gottfried Benn: D-Zug (1912)

Assoziationen zu Inhalt/Deutung, offene Fragen:

Braun wie Kognak. Braun wie Laub. Rotbraun. Malaiengelb[1].
D-Zug Berlin–Trelleborg und die Ostseebäder.

Fleisch, das nackt ging.
Bis in den Mund gebräunt vom Meer.
5 Reif gesenkt, zu griechischem Glück.
In Sichel-Sehnsucht: wie weit der Sommer ist!
Vorletzter Tag des neunten Monats schon!

Stoppel und letzte Mandel lechzt in uns.
Entfaltungen, das Blut, die Müdigkeiten,
10 die Georginennähe[2] macht uns wirr.

Männerbraun stürzt sich auf Frauenbraun:

Eine Frau ist etwas für eine Nacht.
Und wenn es schön war, noch für die nächste!
Oh! und dann wieder dies Bei-sich-selbst-Sein!
15 Diese Stummheiten! Dies Getriebenwerden!

Eine Frau ist etwas mit Geruch.
Unsägliches! Stirb hin! Resede[3].
Darin ist Süden, Hirt und Meer.
An jedem Abhang lehnt ein Glück.

20 Frauenhellbraun taumelt an Männerdunkelbraun:

Halte mich! Du, ich falle!
Ich bin im Nacken so müde.
Oh, dieser fiebernde süße
letzte Geruch aus den Gärten. R

1 **Malaiengelb:** Malaien = ethnische Gruppe in Südostasien
2 **Georginennähe:** Georgine = Pflanzengattung der Dahlien
3 **Resede:** Pflanzengattung mit angenehmem Geruch

1 Sammeln Sie Ihre ersten Eindrücke zum Gedicht.
    a   Notieren Sie dazu neben dem Text Ihre Assoziationen zum Verständnis einzelner Passagen.
    b   Markieren Sie Stellen, die Sie nicht verstehen.
    c   Tauschen Sie sich mit einer Mitschülerin / einem Mitschüler über Ihr Gedichtverständnis aus.

2 Erschließen Sie den Inhalt anhand folgender Aspekte. Notieren Sie jeweils Stichpunkte in Ihrem Kursheft. Führen Sie Textbelege an.
– Grundsituation: Welche Figuren kommen vor? Wo befinden sie sich? Gibt es einen lyrischen Sprecher oder mehrere? In welchem Verhältnis stehen die Figuren?
– Atmosphäre: Welche Stimmungen tauchen auf (idyllisch, sachlich, sexuell, verloren …)?
– Bildlichkeit: Welche sprachlichen Bilder lassen auf konkrete Wahrnehmungen und Beobachtungen schließen?
– Wirklichkeitsdarstellung: Wie wird die Realität präsentiert (geordnet, montageartig gespalten …)?

3 Führen Sie zu den folgenden Begriffen passende Textstellen an:

	Kitsch/Klischee	Ich-Auflösung	Frivolität	Parodie	Frauenverachtung	Glückssehnsucht
Textbeleg	V. 5 f.,					

4 Untersuchen Sie die sprachlichen Mittel im Gedicht (▶ Information, S. 66 und 79) und erläutern Sie deren Bedeutung für den Inhalt.

Neologismen: Malaiengelb (V. 1): vergleichende Sinneswahrnehmung, vermittelt Exotik;

_____

_____

_____

_____

5 Fassen Sie Ihre bisherigen Ergebnisse thesenartig zusammen. Nutzen Sie den Dreischritt: These – Beleg – Deutung des Belegs. Übernehmen Sie die Tabelle in Ihr Kursheft und ergänzen Sie weitere Thesen, die sich z. B. auf die Atmosphäre, die Bedeutung des Ortes D-Zug, das Menschenbild beziehen.

These	Beleg	Deutung
Das Gedicht zeigt atmosphärisch eine exotische Szenerie, in der ...	*Ohne konkrete Zuordnung zu einem Menschen oder einer Sache wird der Neologismus „Malaiengelb" (V. 1) eingefügt.*	*Durch die Verbindung von Farbadjektiv und fernem Ort entsteht eine Exotik, die nicht so recht zu einem D-Zug zu passen scheint.*
Das Bild von Männern und Frauen ist geprägt durch ...		

6 Benennen Sie mit Hilfe des Epochenüberblicks typisch expressionistische Merkmale im Gedicht von Gottfried Benn.

Inhaltlich: _____

_____

Formal: _____

_____

Info Lyrik des Expressionismus

Die **Expressionisten** sind Teil einer jungen, zwischen 1875 und 1895 geborenen Generation, die ihre Zeit als verkrustet und unbeweglich empfand und die **Starrheit des Denkens als existenzielle Krise** erlebte. Im Zentrum ihrer Lyrik steht der oft **radikale Ausdruck (Expression) von Gefühlen und Wahrnehmungen,** Inhalte treten zurück. Schlichte Reisen waren nahezu nie Thema, hingegen prägte das Unterwegssein die Gedichte in drei Spielarten:
- **Gesellschaft/Welt im Wandel:** Die Expressionisten waren davon überzeugt, dass die starre Gesellschaft vor einer radikalen Veränderung stand, sei es als apokalyptische Katastrophe (Krieg) oder als Erneuerung nach einer Zerstörung. Dieser Wandel wird oft als dynamischer Prozess in lyrischen Bildern dargestellt.
- **Das Ich auf einer fiktiven Reise:** Auch die Unsicherheit bezüglich der eigenen Identität spiegelte sich in Reisebildern, in denen das Ich sich aufspaltet (Ich-Dissoziation) und bizarre neue Erfahrungen macht.
- **Reale Reisen in der neuen Zeit:** Die neuen Massenfortbewegungsmittel wie Straßenbahn und Eisenbahn wurden in einer verzerrten Wahrnehmung der Reisenden dargestellt (Wahrnehmungsverschiebung).

Formal gestalten die Expressionisten ihre Texte oft radikal neu, vor allem durch folgende Mittel:
- **Aufbrechen grammatischer Strukturen** als Zeichen für die Brüchigkeit der Welt
- **Reihungs- oder Telegrammstil:** unverbundene Aneinanderreihung von Wahrnehmungen, um die Simultaneität (Gleichzeitigkeit) von Sinneseindrücken zu spiegeln
- **Umkehrung der Subjekt-Objekt-Beziehung:** Personifizierung von Dingen sowie Enthumanisierung und Entindividualisierung des Menschen; sodass die Welt als Akteur erscheint und das Individuum passiv

3.5 EINE WELT IM UMBRUCH – LYRIK DER MODERNE UND DES EXPRESSIONISMUS

Paul Boldt: In der Welt (1913)

Ich lasse mein Gesicht auf Sterne fallen,
Die wie getroffen auseinanderhinken.
Die Wälder wandern mondwärts, schwarze Quallen,
Ins Blaumeer, daraus meine Blicke winken.

5 Mein Ich ist fort. Es macht die Sternenreise.
Das ist nicht Ich, wovon die Kleider scheinen.
Die Tage sterben weg, die weißen Greise.
Ichlose Nerven sind voll Furcht und weinen.

Sinneswahrnehmung des lyrischen Ichs:
–

Selbstwahrnehmung des lyrischen Ichs:
–

1
a Erschließen Sie den Inhalt des Gedichts, indem Sie für beide Strophen Notizen auf der rechten Seite ergänzen.
b Fassen Sie die Textaussage kurz in Ihrem Kursheft zusammen. Nehmen Sie dabei Bezug auf den Titel des Gedichts.

2
a Erläutern Sie in Ihrem Kursheft, wie das Ich im Gedicht dargestellt wird. Gehen Sie dabei auch auf das Bildfeld (▶ Information, S. 66) der „Sternenreise" (V. 5) ein. Nutzen Sie Ihre Ergebnisse aus Aufgabe 1.
b Untersuchen Sie die sprachliche Gestaltung des Gedichts. Vervollständigen Sie dazu die Tabelle in Ihrem Kursheft.

Untersuchungsaspekt	Beschreibung	Funktion/Wirkung
Verben:	*Verben der Bewegung: hinken, wandern* *Zustandsverben:* *negativ konnotierte Verben:* *positiv konnotierte Verben:*	*spiegeln aktive Umwelt …*
Klangfiguren:	*Alliteration:* *Assonanz:*	
Farbsymbolik:	…	
Sprachliche Bilder:	*Metapher:* *Personifikation:* …	

3 Prüfen Sie, ob Sie einer der folgenden Deutungen zustimmen können, oder formulieren Sie eine eigene begründete Deutung. Belegen Sie in jedem Fall Ihre Aussage am Text. Arbeiten Sie in Ihrem Kursheft.

Das Gedicht zeigt, dass wirkliche Identität in dieser Welt nur im Poetischen möglich ist.

Das Gedicht beschreibt, wie ein Mensch sich selbst verliert, weil er den Kontakt zur Welt verliert.

Info Sprachliche Mittel

- **Chiffre:** Sprachbild, bei dem es keinen Vergleichspunkt (kein Tertium Comparationis) gibt. Ihr Sinn ergibt sich meist nur aus dem Text- oder Werkzusammenhang, z. B.: *Das Wetter schwelt in seinen Augenbrauen.*
- **Neologismus:** Wortneuschöpfung, oft als Kompositum (Wortzusammensetzung), z. B.: *Giftlaternenschein*
- **Synekdoche:** Ein Teil wird als Bezeichnung für das Ganze genutzt, z. B.: *ein kluger Kopf.*
- **Verdinglichung:** Übertragung von Eigenschaften/Verhalten von Dingen auf den Menschen, z. B.: *Ein Mann zerbricht.*
- **Enjambement** (frz. Zeilensprung): Übergang eines Satzes oder Teilsatzes in eine neue Zeile, z. B.:
  Wie jede Blüte welkt und jede Jugend
  Dem Alter weicht, blüht jede Lebensstufe (Hermann Hesse)
- **Ellipse:** unvollständiger Satz; Auslassung eines leicht ergänzbaren Satzteils/Wortes, z. B.: *Wer [ist] da?*

3.6 Brüchigkeit der Heimat – Lyrik des 20. und 21. Jahrhunderts

Heimat und Fremde – Exilliteratur zum Thema „Migration" vergleichen

Max Hermann-Neiße[1]: **Heimatlos** (1936)

Wir ohne Heimat irren so verloren
und sinnlos durch der Fremde Labyrinth.
Die Eingebornen plaudern vor den Toren
vertraut im abendlichen Sommerwind.
5   Er macht den Fenstervorhang flüchtig wehen
und lässt uns in die lang entbehrte Ruh
des sichren Friedens einer Stube sehen
und schließt sie vor uns grausam wieder zu.
Die herrenlosen Katzen in den Gassen,
10 die Bettler, nächtigend im nassen Gras,
sind nicht so ausgestoßen und verlassen
wie jeder, der ein Heimatglück besaß
und hat es ohne seine Schuld verloren
und irrt jetzt durch der Fremde Labyrinth.
15 Die Eingebornen träumen vor den Toren
und wissen nicht, dass wir ihr Schatten sind.

---
[1] **Max Hermann-Neiße** (1886–1941): deutscher Schriftsteller; emigrierte nach dem Reichstagsbrand und lebte im Exil in London.

1 a   Nennen Sie ein zentrales Bild des Textes, das für Sie den Titel „Heimatlos" in besonderer Weise plastisch macht.

   b   Markieren Sie im Gedicht mit verschiedenen Farben, wie die „Eingebornen" und wie die „Heimatlosen" beschrieben werden.
   c   Ordnen Sie die sprachlichen Bilder in die entsprechende Spalte der Tabelle ein und beschreiben Sie jeweils die Funktion.

„Eingeborne"	„Heimatlose"
– *abendliche[r] Sommerwind (V. 4) = Leichtigkeit, Idylle*	– *herrenlose[ ] Katzen (V. 9) = Symbol für Ausgestoßensein*

> **Info**   **Lyrik in der Exilliteratur (1933–1945)**
>
> Im weitesten Sinne versteht man unter **Exilliteratur** all jene Literatur von der Antike bis heute, deren Autorinnen und Autoren unfreiwillig ihr Heimatland verlassen mussten. Als literarische Epoche beschränkt man den Begriff auf die **Zeit des Nationalsozialismus.** Spätestens nach der Bücherverbrennung vom 10. Mai 1933 mussten viele Künstlerinnen und Künstler um ihr Leben fürchten und flüchteten. Dazu gehörten u. a. Bertolt Brecht, Thomas und Heinrich Mann, Hilde Domin, Kurt Tucholsky, Anna Seghers. Ihre Darstellung des Unterwegsseins ist stark vom **Heimatverlust** geprägt, weniger von der Hoffnung auf Neues.
> Dieser Gruppe stehen die Dichter der **„inneren Emigration"** gegenüber, die nicht flüchteten, z. B. Gottfried Benn, Werner Bergengruen, Erich Kästner. Sie waren ebenfalls nicht mit dem Regime einverstanden und wichen in ihren Werken auf politikferne, harmlose Themen aus bzw. verschlüsselten ihre Botschaften.

3.6 BRÜCHIGKEIT DER HEIMAT – LYRIK DES 20. UND 21. JAHRHUNDERTS

Issam Al-Najm[1]: Die Grenze der Angst (2017)

Meine Heimat,
Zwischen dir und mir gibt es eine Grenze
Die Grenze der Angst.
Ich kann nicht zurück
5 Du hinderst mich daran.
Ich habe nicht gelogen
Ich bin nicht einfach geflohen
Es gab viele Gründe:
Wenn meine Gedanken versuchen weit zu fliegen,
10 Sperrst du sie in deinen Käfig.
Wenn meine Blicke anders werden,
Machst du das Licht aus,
Damit wir nicht mehr sehen
Aber warum?
15 Ich war immer stolz auf dich
Habe immer von dir gesprochen
Ich war wie ein Kind,
Das ein fröhliches Spiel mit dir suchte.
Jetzt ist alles weg,
20 Die schmerzhaften Erinnerungen
Die schönen Erinnerungen
Aber die Grenze bleibt
Ich habe Angst davor
Zurückzufahren
25 Ich werde sie nicht los
Meine Heimat,
Ich vermisse dich
Aber die Grenze der Angst
Treibt mich immer um.

[1] **Issam Al Najm** (*1984): kam 2015 aus Syrien nach Deutschland und studiert Elektrotechnik.

2 Überlegen Sie, welche der folgenden Charakterisierungen am besten zum Gedicht passt:

☐ Anklageschrift
☐ Verteidigungsschrift
☐ Sehnsuchtslied

Begründung/Erläuterung:

_____

_____

_____

_____

_____

_____

3 Erläutern Sie, aus welchen Facetten die Grenze besteht und was sie bewirkt. Nutzen Sie den Wortspeicher.

freie Meinungsäußerung • Beschränkung • Perspektivlosigkeit • Verlust der Vergangenheit • Heimatverlust

4 Ermitteln Sie den Sprecher (▶ Information) des Gedichts und den Adressaten der direkten Anrede im Text. Erläutern Sie die Wirkung dieser „Kommunikationssituation". Arbeiten Sie in Ihrem Kursheft.

5 Vergleichen Sie „Die Grenze der Angst" mit Hermann-Neißes „Heimatlos" hinsichtlich der Aussagen über Heimat. Ergänzen Sie dazu die Tabelle in Ihrem Kursheft.

„Heimatlos"	„Die Grenze der Angst"
Orientierungspunkt (V. 1f.)	*für lyrischen Sprecher verschlossen (V. 1f.)*

> **Info** **Der lyrische Sprecher und das lyrische Ich**
>
> **Die Sprecherin / Der Sprecher** im Gedicht ist nicht mit dem Autor gleichzusetzen. Sie/Er kann in der 1., 2. oder 3. Person Singular oder Plural vorkommen. Werden **Gedanken, Gefühle und Beobachtungen in der Ich-Form** mitgeteilt, spricht man vom **lyrischen Ich.**

„Und jedem Anfang wohnt ein Zauber inne" – Ein Gedicht im biografischen Kontext sehen

Hermann Hesse[1]: **Stufen** (1942)

Wie jede Blüte welkt und jede Jugend
Dem Alter weicht, blüht jede Lebensstufe,
Blüht jede Weisheit auch und jede Tugend
Zu ihrer Zeit und darf nicht ewig dauern.
5 Es muß das Herz bei jedem Lebensrufe
Bereit zum Abschied sein und Neubeginne,
Um sich in Tapferkeit und ohne Trauern
In andre, neue Bindungen zu geben.
Und jedem Anfang wohnt ein Zauber inne,
10 Der uns beschützt und der uns hilft zu leben.

Wir sollen heiter Raum um Raum durchschreiten,
An keinem wie an einer Heimat hängen,
Der Weltgeist will nicht fesseln uns und engen,
Er will uns Stuf um Stufe heben, weiten.
15 Kaum sind wir heimisch einem Lebenskreise
Und traulich eingewohnt, so droht Erschlaffen,
Nur wer bereit zu Aufbruch ist und Reise,
Mag lähmender Gewöhnung sich entraffen.

Es wird vielleicht auch noch die Todesstunde
20 Uns neuen Räumen jung entgegensenden,
Des Lebens Ruf an uns wird niemals enden ...
Wohlan denn, Herz, nimm Abschied und gesunde! R

---
[1] **Hermann Hesse** (1877–1962): deutsch-schweizerischer Schriftsteller, der die Zeit des Nationalsozialismus in seiner Schweizer Heimat verbrachte

1 a Tauschen Sie Ihre ersten Eindrücke aus. Beachten Sie auch die Bedeutung des Titels.
b Formulieren Sie in eigenen Worten die zentrale Botschaft des Gedichts.

2 a Untersuchen Sie das Gedicht hinsichtlich der Aspekte Abschied, Aufbruch/Reise und Neubeginn. Ordnen Sie diesen Begriffen entsprechende Textstellen zu.

Abschied	Aufbruch/Reise	Neubeginn
– *welkende Blüte (V. 1)*		

b Erläutern Sie, was laut Gedicht jene erwartet, die nicht Abschied nehmen wollen.

3 a Informieren Sie sich über das Leben von Hermann Hesse.
b Prüfen Sie, welche biografischen Deutungsansätze Sie im Text finden. Kreuzen Sie an und begründen Sie.

☐ Reflexion der Exilerfahrungen während des Krieges
☐ Reflexion der Bedrohtheit durch Alter und Tod
☐ Reflexion des Heranwachsens von Jugendlichen und des Älterwerdens

Begründung:

c Formulieren Sie in Ihrem Kursheft, welche Bedeutung Sie dem Text in unserer Zeit oder für sich selbst zuschreiben.

Halt auf freier Strecke – Zwei themenverwandte Gedichte vergleichen

Bertolt Brecht: Der Radwechsel (1954)

Ich sitze am Straßenhang.
Der Fahrer wechselt das Rad.
Ich bin nicht gern, wo ich herkomme.
Ich bin nicht gern, wo ich hinfahre.
5 Warum sehe ich den Radwechsel
mit Ungeduld? [R]

Jan Wagner: Hamburg–Berlin (2001)

der zug hielt mitten auf der strecke. draußen hörte
man auf an der kurbel zu drehen: das land lag still
wie ein bild vorm dritten schlag des auktionators.

ein dorf mit dem rücken zum tag. in gruppen die bäume
5 mit dunklen kapuzen. rechteckige felder,
die karten eines riesigen solitairespiels.

in der ferne nahmen zwei windräder
eine probebohrung im himmel vor:
gott hielt den atem an.

1 Lesen Sie beide Gedichte laut.
Welches gefällt Ihnen spontan besser?
Begründen Sie mündlich.

2 a Untersuchen Sie beide Gedichte zunächst jedes für sich hinsichtlich Inhalt und Sprache.
Tragen Sie Stichpunkte in die Tabelle ein.

Vergleichsaspekte	Brecht: „Der Radwechsel"	Wagner: „Hamburg–Berlin"
Assoziation zum Titel:		
Grundsituation:	*Reifenpanne*	
Thema:		
Lyrischer Sprecher:		
Bedeutung des Unterwegsseins:		
Sicht des lyrischen Sprechers auf den Halt:		
Äußere Form:		
Sprache / Zentrale Bilder:		

b Formulieren Sie zu jedem Gedicht einen Satz als Fazit Ihrer Analyse.

Das Gedicht „Der Radwechsel" _____

_____

_____

Das Gedicht „Hamburg–Berlin" _____

_____

3 Lesen Sie die ▶ Information und erläutern Sie, welche dort genannten Aspekte der jeweiligen Zeit Sie in den Gedichten von Brecht und Wagner wiederfinden.

_____

_____

_____

_____

4 Entschlüsseln Sie die beiden folgenden Metaphern (▶ Information, S. 66) und ergänzen Sie die Tabelle.

Metapher	Bildspender (Herkunftsbereich)	Bildempfänger (Übertragungsbereich)	Mögliche Vorstellung bei Leserin/Leser
Radwechsel (Brecht: Titel, V. 2, 5)	*Auto erhält …*	*im Leben …*	*grundlegende Veränderung von …*
probebohrung im himmel (Wagner, V. 8)	*Gewinnung von …*		

5 Schreiben Sie im Kursheft einen ausformulierten Textvergleich. Nutzen Sie parallelisierende und kontrastierende Formulierungen aus den Wortspeichern.

die Gedichte … thematisieren beide … • beide Texte zeigen den Halt somit als eine Lebenssituation, die Grundsätzliches spiegelt … • bedienen sich einer einfachen, fast telegrammhaft verkürzten Sprache …

… jedoch in signifikant anderer Weise • während im Gedicht von … die Haltung des lyrischen Ichs zu … hinterfragt wird, steht im Gedicht von … … im Vordergrund • … konzentriert sein Gedicht auf ein zentrales Bild, während …

Info — Lyrik von 1945 bis zur Jahrhundertwende

Die **Lyrik der zweiten Hälfte des 20. Jahrhunderts** lässt sich kaum als einheitliche Epoche beschreiben, in allen Phasen herrschte eine **Vielfalt von Stilen und Richtungen.** In der unmittelbaren **Nachkriegszeit** der **BRD** waren zunächst nicht die aus dem Exil zurückkehrenden Autorinnen und Autoren gefragt, sondern Vertreter der „inneren Emigration" (▶ Information, S. 80), in deren Werken Kriegserfahrungen und erzwungene Auswanderung keinen Widerhall fanden. In der **DDR** dagegen spielten Exilanten wie Bertolt Brecht, Johannes R. Becher und Anna Seghers eine zentrale, auch politische Rolle. Schon bald jedoch wehrten sich viele Schriftsteller gegen die Doktrin des **sozialistischen Realismus** und die Forderung nach einer positiv dargestellten gesellschaftlichen Realität.
In Westdeutschland kam es erst in den 1950er Jahren zu einer deutlichen **Politisierung der Lyrik.** Mit kritischer Hinwendung zur Wirklichkeit widmeten sich die Lyriker etwa der geopolitischen Machtpolitik der USA oder der unzureichenden Auseinandersetzung der bundesrepublikanischen Gesellschaft mit der NS-Zeit. Die Lyrik spiegelte oft eine Statik gesellschaftlichen Denkens, der als Utopie ein Aufbruch entgegengesetzt wurde. In den 1970er und 1980er Jahren entstand als Gegenbewegung eine Lyrik der **„Neuen Subjektivität"**, die das Ich und sein Innenleben ins Zentrum stellte. Das Motiv der Reise wurde hier vor allem auf seine Wirkung auf das Ich hin befragt oder als Metapher für geistige Veränderungen genutzt.
Sprachlich war die Lyrik in der zweiten Hälfte des 20. Jahrhunderts oft von einer **Einfachheit der Sprache** gekennzeichnet. An die Stelle des Pathos früherer Texte traten nun einfache Bilder des Alltags, die als Metaphern dienten: *Der Herbst liegt im Briefumschlag / auf meinen Knien* (Jürg Halter: Das erste Wort).
Ab den 1980er Jahren entstanden sowohl in der DDR als auch in der BRD Werke, die sich mit dem Einfluss des Menschen auf die Natur, fortschreitender Umweltzerstörung und Angst vor atomarer Bedrohung beschäftigten. Stilistisch häuften sich in der Lyrik **postmoderne Einflüsse.** Kennzeichnend dafür sind der Wegfall von Grenzen und das Spiel mit literarischen Traditionen, Stilebenen und Genres. Darüber hinaus entwickelte sich mit dem **Poetry-Slam** eine Form der Literaturperformance, bei der selbst verfasste Texte live vorgetragen werden. Lyrische Texte stammen z. B. von Bas Böttcher (*1974) und Nora Gomringer (*1980).

Unterwegs in ein neues Deutschland – Lyrische Texte zur deutschen Wende untersuchen

Annerose Kirchner: Zwischen den Ufern (1989/90)

Reib den Winterschlaf aus den Augen
und folg dem Trampelpfad durchs Schilf.
Dir begegnen fröstelnde Nesthocker,
die nichts vom Jahreswechsel wissen wollen.
5 Dein Gewissen, mündig gesprochen,
schwört auf einfach Worte,
und die oftmals betrogene Zunge
probiert den Hymnus verlorner Freiheit.

Zwischen den Ufern verliert sich
10 der eigene Lebenslauf,
und niemand fragt,
wo dich das Zeitliche segnen wird.

Schwimm gegen die steigende Flut.
Nur einmal trägt dich das Wasser.

Hans Magnus Enzensberger: Aufbruchsstimmung (1991)

Hoch über den Vororten
tragen rosig bestrahlte Gase
ihren stillen Kampf aus.
Unter raschen Wolkenfetzen
5 bröselt, champagnergebadet,
Beton. Am Potsdamer Platz
Wermutsflaschen, die Penner
grübeln über „den Doppelsinn
von Sein und Seinsverständnis".
10 Einwände halten sich hier
in Grenzen. Pilgerscharen
in der Fußgängerzone
auf der Suche nach Identität
und Südfrüchten. Zuzügler
15 lassen valiumfarbene Scheine
auf der Zunge zergehn.
Auch links in der Beletage[1]
finden Aufbrüche statt:
Gewissenhaft arbeiten Partner
20 an der Hinrichtung einer Ehe.
Haftschalen, tränenüberströmt,
im luxuriösen Smog. Blindgänger
fallen sich in die Arme.
Das Politbüro: ausgestorben.
25 Nur im Keller der Dichter
dichtet bei fünfzehn Watt
nach wie vor vor sich hin,
„um der Menschwerdung
aufzuhelfen". Gerührt
30 schweift das nasse Aug
über die frischen Sichtblenden.

[1] **Beletage** (frz. *bel étage:* schönes Geschoss): erster Stock, bevorzugte Etage in bürgerlichen Häusern

1 Beide Texte stammen aus der Gedichtsammlung „Gedichte zur deutschen Wende".
   a Tauschen Sie sich darüber aus, inwieweit die Situation der politischen Wende 1989 zum Thema „Unterwegssein" passt.
   b Notieren Sie Ihren ersten Eindruck zur Grundstimmung der Gedichte. Beachten Sie auch jeweils den Titel.

2 Erschließen Sie das Gedicht „Zwischen den Ufern", indem Sie die markierten Stellen als Metaphern (▶ Information, S. 66) für Aspekte der Wendesituation deuten. Arbeiten Sie in Ihrem Kursheft.

3 a Markieren Sie im Gedicht „Aufbruchsstimmung" Stellen, die einen Bezug zur Wendesituation nahelegen.
   b Deuten Sie diese Textstellen in Ihrem Kursheft.

4 „Zwischen den Ufern" ist das Gedicht einer ostdeutschen Autorin, Enzensberger ist einer der berühmtesten Autoren Westdeutschlands. Formulieren Sie in Ihrem Kursheft einen zusammenfassenden Vergleich beider Gedichte unter Berücksichtigung der Ost- und Westperspektive.

3.7 Selbstreflexion als Reise – Lyrik des 21. Jahrhunderts

Matthias Politycki: Rote Berge, weiße Wüste, egal (2013)

Notizen zur Bildhaftigkeit und deren Wirkung:

So zwischen Sack und Pack verkeilt auf
der Pritsche eines Pickups: ich!
Linksrechts von mir der Rest der Welt
als Wüstenflirr'n mit roten Bergen,
5 fatamorganahaft dazwischen, flimmernd, Straße,
wie in 'nem Simulator, allerdings
im rasend schnellen Rückwärtslauf,
egal.

    Und dazu Fahrtwind heiß und hart
10 an mir vorbei, ich kriegte kaum
noch Luft. Hätte's gekracht, ich wäre
von Jetzt auf Gleich zahnbleckend grinsend
gen Himmel aufgefahr'n, ein Duft von
geschmolznem Asphalt, Gummi, Glimmer.
15 Ich spürte nichts mehr, ja, das war es, nichts
von alledem!

    Nicht mal mich selbst.
Woher? Egal. Wohin? Egal!
Anstelle eines Horizonts
20 nicht mal ein blasser Schimmer.

1 a Lesen Sie das Gedicht laut und tauschen Sie Ihre ersten Eindrücke aus.
    b Formulieren Sie das Thema und den Inhalt des Gedichts mit eigenen Worten.
    c Benennen Sie den lyrische Sprecher(▶ Information, S. 81). Welche Art Reisende/r ist sie/er?

Thema:

Inhalt:

Lyrischer Sprecher:

2 Untersuchen Sie die formale und sprachliche Gestaltung des Gedichts.
    a Markieren Sie Wörter und Wendungen, die die Art des Reisens und die Wahrnehmungen des lyrischen Ichs beschreiben.
    b Erschließen Sie die Bildhaftigkeit dieser Wörter und ihre Wirkung. Notieren Sie Ihre Ergebnisse stichpunktartig neben dem Gedicht.
    c Beschreiben Sie in Ihrem Kursheft den formalen Aufbau und die syntaktischen Strukturen des Gedichts. Gehen Sie dabei auch auf sprachliche Mittel ein (▶ Information, S. 66 und 79).

3 a Mit welchen Schlagwörtern würden Sie die Bedeutung des Reisens für das lyrische Ich beschreiben? Nutzen Sie den Wortspeicher. Arbeiten Sie in Ihrem Kursheft.

Orientierungslosigkeit als Lebensgefühl • Selbstfindung als Illusion • Belanglosigkeit des Lebens • Gefahr als Reiz • modernes Abenteuer • Beliebigkeit der Welt • mangelnde Lebensperspektive • Blick zurück • Unfähigkeit zu fühlen

    b Halten Sie die im Gedicht gezeigte Art des Reisens für ein Bild des 21. Jahrhunderts? Diskutieren Sie.

4 Schreiben Sie in Ihrem Kursheft ein eigenes Reisegedicht. Dies kann von persönlichen Erfahrungen geprägt sein oder Ihre Vorstellungen vom Reisen/Unterwegssein beinhalten.

Die Liebe als Reise – Ein Gedicht und einen Songtext vergleichen

Durs Grünbein: **Unbekümmert, anderntags, Verse** (2008)

Ohr an Ohr durch die Nacht
Selig segelnd, ein Paar
Schräger Vögel: was haben
Wir vorm Schlaf schon gelacht.

5 Mit den Fingern, den Lippen
Überschritten aus Haar
Den verborgnen Äquator –
Breitengrade die Rippen.

Ich war, was *dieser* Muskel
10 Aus mir machte im Dunkeln.
Auf den Haut-Atlas Länder
Schrieb die Hand in Majuskeln[1].

Du, durch Zeitzonen gleitend,
Wachen Blicks, Navigator,
15 Nackt im Fensterglasfunkeln,
Tauschtest lächelnd die Seiten.

Hier der Wolkenzug, dort
Sommersprossig dein Rücken ...
Tief im Erdgeschossgraben
20 Blieb das Zimmer zurück.

Uns, dank Thermik getragen,
Schien es gleich – fallen, steigen.
Konzentrierte Verschwender
Von Sekreten, so lagen
25 Wir verschlungen zum *Und*.
Eine Nacht lang, dann Schweigen
Der verbliebenen Körper
Mehr als je – moribund[2].

---
1 **Majuskeln:** Großbuchstaben
2 **moribund:** dem Tode geweiht

Cro: **Einmal um die Welt** (2011)

[Refrain:] Baby, bitte, mach dir nie mehr Sorgen um Geld,
Gib mir nur deine Hand, ich kauf dir morgen die Welt.
Egal, wohin du willst, wir fliegen um die Welt.
Hau'n sofort wieder ab, wenn es dir hier nicht gefällt.
5 Ost, West oder Nord,
Hab' den Jackpot an Bord,
Will von hier über London
Direkt nach New York,
Denn ab heute leb' ich jeden
10 Tag, als ob ich morgen tot wäre.
Laufe durch den Park und werf'
Mit Geld, als ob es Brot wäre.
Nur noch Kaviar, Champagner oder Champus,
Baby, ich erfüll' dir wirklich jeden Wunsch mit Handkuss:
15 Frühstück in Paris und danach joggen auf Hawaii,
Und um das Ganze noch zu toppen, gehen wir shoppen in L. A.
Also pack dir deine Zahnbürste ein,
Denn ab heute bist du mehr als an nur einem Ort daheim.
Mit meinem Babe in der Hand
20 Und 'nem Safe an der Wand
Können wir tun, was wir wollen,
Und das Leben ist noch lang,
Also komm.

Sie will Kreditkarten
25 Und meine Mietwagen.
Sie will Designerschuhe und davon
Ganz schön viel haben.
„MANOLO BLAHNIK, PRADA, GUCCI und LACOSTE"
Kein Problem, dann kauf' ich halt
30 Für deine Schuhe gleich ein ganzes Schloss.
Sie will in Geld baden
Und sie will Pelz tragen.
Sie will schnell fahren,
Einmal um die Welt fahren.
35 Sie kann sich kaufen, was sie wollte, doch nie hatte,
Denn ich hab' jetzt die American Express, und zwar die schwarze,
Also komm.

---

1 Lesen Sie das Gedicht von Durs Grünbein und lesen oder hören Sie den Song des Rappers Cro. Tauschen Sie Ihre ersten Eindrücke aus.

2 In beiden Texten wird eine (Liebes-)Beziehung mit Reisen verbunden. Untersuchen Sie diese Verbindung.
    a Markieren Sie in beiden Texten Stellen, in denen Liebe und/oder Reisen thematisiert wird.
    b Erläutern Sie, worin die Verbindung zwischen (Liebes-)Beziehung und Reisen jeweils besteht. Notieren Sie Ihre Ergebnisse in einer Tabelle in Ihrem Kursheft. So können Sie beginnen:

Grünbein: „Unbekümmert, anderntags, Verse"	Cro: „Einmal um die Welt"
gemeinsame Reise zweier Körper (V. 1) ...	*Einladung der Liebsten zu einer Weltreise ...*

    c Passt die Umschreibung „Liebe als Reise" auf beide Texte gleichermaßen? Diskutieren Sie.

3 Untersuchen Sie jeweils das Verhältnis des lyrischen Ichs zu der im Text dargestellten Frau.
   a Welche Wörter und Wortgruppen werden bezüglich der Frau verwendet?

Die Frau bei Grünbein: „wachen Blicks" (V. 14),

Die Frau bei Cro: „Baby" (V. 1),

   b Ist die Paarbeziehung gleichberechtigt oder unausgewogen? Führen Sie Textbelege an.

   c Bündeln Sie Ihre Ergebnisse und formulieren Sie eine These zum unterschiedlichen Mann-Frau-Verhältnis in beiden Gedichten.

Während in Grünbeins Gedicht das Verhältnis des lyrischen Ichs zu der Frau als ...

4 Untersuchen Sie den Grundtenor der Gedichte. Beziehen Sie dabei die Stimmung des lyrischen Ichs ein. Prüfen Sie, welche der Wörter aus dem Wortspeicher zu welchem Text passen. Ergänzen Sie jeweils weitere Beschreibungen.

erfolgsberauscht • melancholisch • gelassen • zukunftsfreudig • zukunftsvergessen • erotisch • optimistisch • verträumt

Grundstimmung bei Grünbein:

Grundstimmung bei Cro:

5 Der Schriftsteller und Literaturkritiker Thomas Kraft (*1959) schreibt zur Reiseliteratur der Gegenwart:
„Es geht nicht um die Erkundung exotischer Regionen, sondern um Konfrontationen mit fremden und eigenen Grenzen. Daher spielen sich diese Reisen zu einem guten Teil auch im Kopf der Figuren ab." („13 Thesen zur Gegenwartsliteratur", 2008)
Prüfen Sie, inwieweit diese Aussage für die Texte von Grünbein und Cro gilt.

3.8 Klausurtraining:
Ein Gedicht interpretieren und mit einem anderen Gedicht vergleichen

Aufgabenbeispiel

1. Interpretieren Sie das Gedicht „In der Fremde" von Clemens Brentano hinsichtlich der Darstellung des Unterwegsseins. Berücksichtigen Sie dabei die Epochenzugehörigkeit.
2. Vergleichen Sie das Gedicht „Mit leichtem Gepäck" von Hilde Domin mit Brentanos Gedicht im Hinblick auf Gemeinsamkeiten und Unterschiede in der Darstellung des Unterwegsseins.

Clemens Brentano[1]: In der Fremde (1810)

Weit bin ich einhergezogen
Über Berg und über Tal,
Der treue Himmelsbogen,
Er umgibt mich überall.

5 Unter Eichen, unter Buchen,
An dem wilden Wasserfall
Muss ich nun die Herberg suchen
Bei der lieb Frau Nachtigall,

Die im brünst'gen Abendliede
10 Ihre Gäste wohl bedenkt,
Bis sich Schlaf und Traum und Friede
Auf die müde Seele senkt.

Und ich hör dieselben Klagen,
Und ich hör dieselbe Lust,
15 Und ich fühl das Herz mir schlagen
Hier wie dort in meiner Brust.

Aus dem Fluss, der mir zu Füßen
Spielt mit freudigem Gebraus,
Mich dieselben Sterne grüßen,
20 Und so bin ich hier zu Haus.

---
[1] **Clemens Brentano** (1778–1842): deutscher Schriftsteller, bekannt v. a. durch seine Volksliedsammlung „Des Knaben Wunderhorn"

Hilde Domin[2]: Mit leichtem Gepäck (1962)

Gewöhn dich nicht.
Du darfst dich nicht gewöhnen.
Eine Rose ist eine Rose.
Aber ein Heim
5 ist kein Heim.

Sag dem Schoßhund Gegenstand ab,
der dich anwedelt
aus den Schaufenstern.
Er irrt. Du
10 riechst nicht nach Bleiben.

Ein Löffel ist besser als zwei.
Häng ihn dir um den Hals,
du darfst einen haben,
denn mit der Hand
15 schöpft sich das Heiße zu schwer.

Es liefe der Zucker dir durch die Finger,
wie der Trost,
wie der Wunsch,
an dem Tag,
20 da er dein wird.

Du darfst einen Löffel haben,
eine Rose,
vielleicht ein Herz
und, vielleicht,
25 ein Grab.

---
[2] **Hilde Domin** (1909–2006): deutsche Schriftstellerin, blieb nach Hitlers Machtübernahme im Exil und kehrte 1954 in die Bundesrepublik zurück.

Erster Schritt:
Die Aufgabenstellung verstehen

1 Unterstreichen Sie die Operatoren der Aufgabenstellung. Formulieren Sie mit eigenen Worten, was der jeweilige Operator im Umgang mit Gedichten damit genau fordert.

Interpretieren: Das Gedicht im Hinblick auf das Motiv des Unterwegsseins untersuchen, dabei _____

_____

Vergleichen: _____

_____

Prüfen: _____

_____

Zweiter Schritt: Erstes Textverständnis und Ideen formulieren

2 Notieren Sie Ihre ersten Eindrücke von den beiden Gedichten. Gehen Sie dabei vom Titel und von Ihren Erwartungen im Hinblick auf die Epochenkonzepte der Romantik und auf die Merkmale der Literatur nach 1945 aus.

	Brentano: „In der Fremde"	Domin: „Mit leichtem Gepäck"
Titel	*Das Unterwegssein wird mit „Fremdheit" verbunden, also*	*„Mit leichtem Gepäck" hingegen deutet darauf hin, dass*
Epoche	*Das Bild des Unterwegsseins in der Fremde, das Brentano zeichnet, ist*	*Gleich beim ersten Lesen wirkt*
Erster Eindruck	*Insgesamt*	*Dagegen*

3 a Markieren Sie in beiden Gedichten, wie das Thema „Unterwegssein" jeweils dargestellt wird.
    b Formulieren Sie mit Hilfe Ihrer Vorarbeiten eine Deutungsthese, die Sie später am Text überprüfen. Sie können die folgenden Satzanfänge vervollständigen:

In Brentanos Gedicht ist das Unterwegssein verbunden mit _____

Bei Domin hingegen _____

Dritter Schritt: Den Text interpretieren

4 Untersuchen Sie die beiden Gedichte zunächst jedes für sich. Vervollständigen Sie dazu die Tabelle in Ihrem Kursheft. Tragen Sie Stichpunkte ein. Nutzen Sie die Informationen auf den Seiten 66, 73, 79 und 81.

Aspekte der Analyse	Brentano: „In der Fremde"	Domin: „Mit leichtem Gepäck"
Inhalt: Darstellung des Unterwegsseins Strophe für Strophe	*1. Strophe: Hinweis auf weite Reise, Geborgenheit durch den Himmel 2. Strophe: Zwang zu ...*	*1. Strophe: Aufforderung, nirgends heimisch zu werden ... 2. Strophe: ...*
Äußere Form: Gedicht- und Strophenform, Reim, Metrum	*Strophenbau: ... Reim: ... Metrum: ... Wirkung: ...*	*freie ... Wirkung: unterstreicht inhaltliche Aussage ...*
Sprache: Satzbau, Wortwahl, rhetorische Figuren, besonders Bildlichkeit	*...*	*...*
Epochenmerkmale	*typische Motive: ... typisches Verständnis der Reise: ...*	*einfache Bildlichkeit ... ...*

3.8 KLAUSURTRAINING: EIN GEDICHT INTERPRETIEREN UND MIT EINEM ANDEREN GEDICHT VERGLEICHEN

5 a Ordnen Sie die Untersuchungsergebnisse und Deutungshinweise in den beiden Wortspeichern den beiden Gedichten zu, indem Sie sie mit unterschiedlichen Farben markieren.

> Kreuzreim und meist vierhebiger Trochäus • Personifikation • freier Rhythmus • Alliteration • Akkumulation • reimlos • volksliedhaft • Bilder des Alltags

> Haltlosigkeit in der Fremde • Natur als Beschützerin • Vertrauen in Natur • Unmöglichkeit des Ankommens • Warnung vor Bindung • Parallelität von Fremde und Heimat • Reduktion des Besitzes • Kontrast Unterwegssein – Bleiben • romantisches Motiv der Reise als Selbstzweck • Exilerfahrung des unfreiwilligen Reisens

b Prüfen Sie, welche Punkte Sie übernehmen möchten. Ergänzen Sie bei Bedarf Ihre Tabelle (▶ Aufgabe 4).
c Formulieren Sie zu jedem Gedicht einen Satz als Fazit Ihrer Analyse.

_____

_____

_____

_____

6 a Markieren Sie in der Tabelle Gemeinsamkeiten und Unterschiede mit unterschiedlichen Farben.
b Prüfen Sie Ihre Deutungsthesen (▶ Aufgabe 3) und korrigieren Sie sie gegebenenfalls.

Vierter Schritt: Den Schreibplan erstellen und schreiben

7 Entwerfen Sie unter Berücksichtigung der Aufgabenstellung eine Gliederung für Ihre Interpretation und den Gedichtvergleich. Bringen Sie dazu die Gliederungspunkte aus dem Wortspeicher in die Reihenfolge, in der Sie sie bearbeiten wollen.

☐	kurze Wiedergabe des Inhalts von Brentanos Gedicht „In der Fremde"
☐	Darstellung von Bezügen zur Epoche der Romantik
☐	Interpretation von Brentanos Gedicht hinsichtlich der Darstellung von „Unterwegssein" (Inhalt, Sprache, Form und deren Zusammenhang)
1	Einleitung
☐	reflektiertes Fazit der Ergebnisse zu Brentano
☐	Unterschiede und Gemeinsamkeiten in der Darstellung des „Unterwegsseins" in beiden Texten
☐	Überleitungssatz
☐	Zusammenfassung der Ergebnisse des Gedichtvergleichs

8 Verfassen Sie den Aufsatz in Ihrem Kursheft auf der Grundlage Ihrer Gliederung. Nutzen Sie geeignete Formulierungsbausteine sowie das „Kohärenzrad" und die Regeln zum Zitieren (▶ innere Umschlagseite hinten im Heft).

Formulierungsbausteine — Ein Gedicht interpretieren und mit einem anderen Gedicht vergleichen

- **Einleitung**
  - *Die Gedichte von … und … entstammen unterschiedlichen Epochen, und zwar …*
  - *In beiden Gedichten steht das Thema … im Mittelpunkt. Eine Gemeinsamkeit besteht darin, dass in beiden Gedichten … / Bei eingehender Betrachtung fallen aber auch erhebliche/deutliche Unterschiede auf …*
  - *Zusammenfassend kann man festhalten, dass … / … ist also die zentrale Aussage des Gedichts.*
- **Interpretation**
  - *Das Gedicht … entstand in der Epoche der/des … und beschreibt …*
  - *Das Gedicht … handelt auf den ersten Blick vom Thema … / Bei genauerem Hinsehen zeigt sich allerdings …*
  - *Schon der Titel des Gedichts deutet darauf hin / lässt vermuten / lässt erwarten, dass … / löst die Erwartung aus, dass …*
  - *Das Gedicht besteht aus … Strophen. Das Metrum ist …, der Reim ein … Dadurch entsteht der Eindruck, dass …*
  - *Insgesamt zeichnet das Gedicht … das Bild einer/eines … Die erste Strophe des Gedichts handelt von …*
  - *Die Darstellung … lässt sich somit deuten als …*
  - *Sprachlich wird dies insbesondere durch … hervorgehoben.*
  - *Zusammenfassend kann man festhalten, dass … / … ist also die zentrale Aussage des Gedichts.*
- **Überleitung und Vergleich**
  - *Im Gegensatz dazu stammt das Gedicht … von … aus der Epoche … (weiter: Einzelanalyse/-interpretation s. o.)*
  - *Schon die Titel der beiden Gedichte … Während … (Titel 1) darauf hindeutet, dass …, lässt … (Titel 2) eher …*
  - *Ein wesentlicher Unterschied ist im Hinblick auf die formale Gestaltung / die Sprache erkennbar, denn … Ganz anders gestaltet ist das Gedicht von … (Autorenname), weil … Unterschiede zeigen sich auch in der Wortwahl, denn bei … Demgegenüber finden sich bei … (Autorenname) vor allem …*
  - *Damit gelangen die beiden Gedichte zu gegensätzlichen Aussagen über … Im Gedicht von … (Autorenname) steht … sinnbildlich für … Dagegen ist … bei … (Autorenname) … Ausdruck der …*
- **Epochenzuordnung**
  - *Diese Unterschiede lassen sich auch mit Blick auf die Epochenzugehörigkeit erklären, denn … Berücksichtigt man die historische Situation und die literarischen Anliegen des/der … (Epoche), so zeigt sich, dass …*
  - *Die Aussage des Gedichts kann vor dem Hintergrund der Epoche der/des … verstanden werden. Sowohl mit … als auch mit … repräsentiert der Text die Epoche. Denn in dieser Zeit … Der Dichter sah sich zur Entstehungszeit des Textes mit … konfrontiert. Diese Erfahrungen spiegeln sich im Gedicht, wenn es heißt, dass …*
- **Fazit**
  - *Zusammenfassend lässt sich feststellen … / Die Ergebnisse des Vergleichs lassen sich wie folgt zusammenfassen: … / Die Interpretation / Der Vergleich hat ergeben/gezeigt, dass … Abschließend bleibt anzumerken …*

Fünfter Schritt: Den eigenen Text überarbeiten

9 Prüfen Sie Ihren Text mit Hilfe der folgenden Checkliste:

Checkliste — Ein Gedicht interpretieren und mit einem anderen Gedicht vergleichen

- Hat Ihr Aufsatz einen klaren **Aufbau** mit einer Gliederung durch Absätze?
- Werden in der **Einleitung** Gattung, Titel, Autor/-in, Entstehungsjahr und Thema beider Gedichte genannt?
- Haben Sie bei beiden Gedichten den **in der Aufgabenstellung genannten Aspekt** (hier: Darstellung des Unterwegsseins) in den Mittelpunkt der Untersuchung gestellt?
- Sind Sie auf **formale und sprachliche Aspekte** eingegangen? Werden diese zum Inhalt in Bezug gesetzt?
- Haben Sie Ihre Deutungsthesen hinreichend durch **Belege und Erläuterungen** abgesichert?
- Sind die Auszüge aus beiden Gedichten **fachlich korrekt zitiert?**
- Sind **Gemeinsamkeiten und Unterschiede** der beiden Gedichtaussagen umfassend und klar herausgearbeitet?
- Haben Sie Ihre Ausführungen in einem **Fazit** zusammengefasst?
- Haben Sie Ihren Text auf **Ausdruck, Rechtschreibung, Grammatik und Zeichensetzung** geprüft?

10 Versetzen Sie sich in die Lage von jemandem, der Ihren Aufsatz liest, ohne die beiden Gedichte zu kennen.
    a   Markieren Sie Stellen, an denen sie/er Bezüge nicht verstehen könnte, weil Sie diese vorausgesetzt haben.
    b   Überarbeiten Sie die entsprechenden Textstellen.

4 Politisch-gesellschaftliche Kommunikation

4.1 Verschiedene Ebenen politisch-gesellschaftlicher Kommunikation

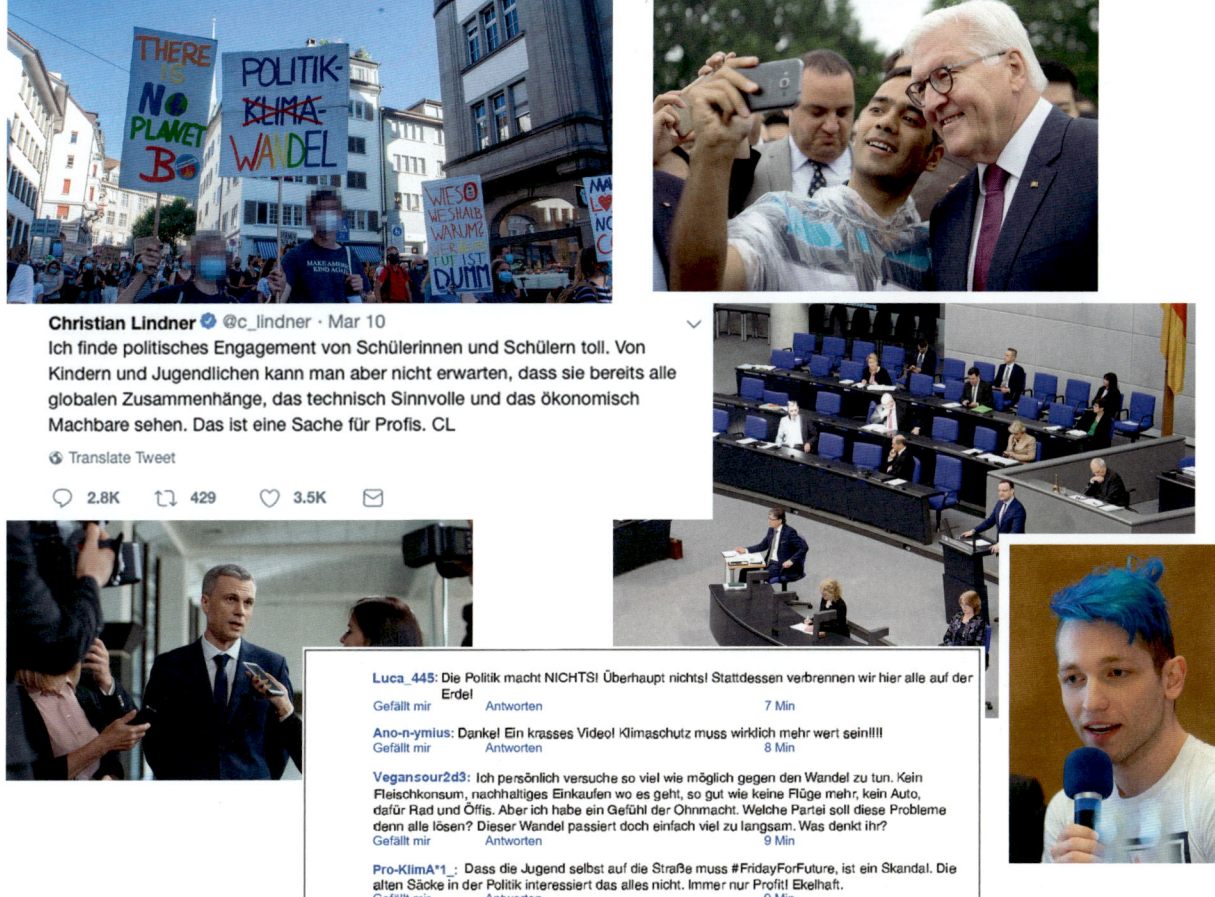

1. Tauschen Sie sich zu den dargestellten politisch-gesellschaftlichen Kommunikationssituationen aus:
   - Was nehmen Sie in den Situationen wahr? Erklären Sie, auf welche Art und Weise jeweils kommuniziert wird.
   - Wo sonst begegnen Ihnen politisch-gesellschaftlich relevante Themen, analog und digital? Berichten Sie davon.

2. Legen Sie in Ihrem Kursheft eine Mindmap an, in der Sie die sprachlich-kommunikativen Besonderheiten der jeweiligen Kommunikationssituation festhalten. Ergänzen Sie diese gegebenenfalls durch weitere Merkmale.

mündlich • öffentlich • ausführlich • prägnant • textbasiert • bildbasiert • live • zeitverzögert • bürgernah • spontan • reflektiert • argumentativ • subjektiv

Info — Ebenen und Kanäle politisch-gesellschaftlicher Kommunikation

Politisch-gesellschaftliche Kommunikation verläuft auf verschiedenen **Ebenen**: Neben der **direkten Interaktion**, z. B. bei Wahlkampfveranstaltungen oder Demonstrationen, spielt sie sich vor allem in den **Medien** ab. Die Politik nutzt neben Interviews, Gesprächsrunden und Reden in den klassischen Medien, wie Zeitung und Fernsehen, zunehmend soziale Netzwerke. Auf Seiten der Gesellschaft prägen diese Plattformen mittlerweile den politischen Diskurs. Bedeutsam ist, dass jeder dieser **medialen Kanäle** eine spezifische **Art der Kommunikation** prägt, die sich auch in sprachlichen Besonderheiten ausdrückt.

4.2 Gesellschaftliche Debatten in sozialen Medien

Die Macht der Wörter – Wie Debatten unsere Welt verändern (2021)

Ganz gleich, ob Corona, Klimawandel, Diversität oder Migration: Zu vielen gesellschaftlichen Themen wird diskutiert und in den Debatten mitunter auch kontrovers gestritten. Nicht immer ist dabei die Grenze des Sagbaren eindeutig. Während von verschiedenen Seiten die Verrohung der Debatten beanstandet wird, berufen sich andere auf das im Grundgesetz verankerte Recht auf Meinungsfreiheit.

Solche Diskussionen führen dazu, dass der Zustand der Debattenkultur insgesamt zum Thema wird. Wie gehen wir bei unterschiedlichen Meinungen gesellschaftlich miteinander um? ==Hat sich der Umgang über die Zeit oder durch die Nutzung anderer Kanäle verändert oder nehmen wir die Debattenkultur nur anders wahr? Und wie können wir gemeinsam einen konstruktiven gesellschaftlichen Diskurs erreichen?==

1 a Der Text steht auf einer Seite einer Online-Plattform, auf der Videos von Debatten abgerufen werden können. Diskutieren Sie in Ihrem Kurs:
- Haben Sie sich schon einmal an einer politisch-gesellschaftlichen Debatte oder Diskussion beteiligt? Geschah dies online oder offline?
- Was war das Thema der Debatte oder der Diskussion?
- Wie wurde debattiert? Hitzig? Argumentativ? Unsachlich? Kontrovers?
- Hat sich Ihre Meinung nach der Debatte oder Diskussion verändert?

b Halten Sie mit Hilfe Ihrer Beiträge aus Aufgabe 1a in Ihrem Kursheft fest, wie Bürgerinnen und Bürger Teil politisch-gesellschaftlicher Kommunikationssituationen werden können.
Indem Bürgerinnen und Bürger sich an Debatten in sozialen Netzwerken beteiligen, nehmen sie ihr Recht …

c Erläutern Sie anhand des Textes und des Cartoons im Kursheft, welchen Konflikt politisch-gesellschaftliche Debatten häufig bergen.
Das Grundgesetz garantiert …

d Gehen Sie in Kleingruppen zusammen und diskutieren Sie die beiden farbig markierten Fragen des Textes. Legen Sie am Ende gemeinsam Kriterien für eine konstruktive gesellschaftliche Debatte fest.

2 Der Titel des nachfolgenden Artikels von Simon Urban lautet „Ein Volk der Beleidigten". Tauschen Sie sich aus, worum es dem Autor in diesem Artikel im Hinblick auf gesellschaftliche Debatten gehen könnte.

Simon Urban: Ein Volk der Beleidigten (2016)

[…] Was wir momentan erleben, ist das Gegenteil lockerer oder sogar humorvoller Contenance[1] in notwendigen Diskursen. ==Stattdessen kultiviert unsere Gesellschaft ein individuelles Recht auf Beleidigtsein:== Mit heiligem Eifer sucht man unentwegt nach Gründen, weshalb man sich mal wieder so richtig schön auf den Schlips oder Schmerzempfindlicheres getreten fühlen könnte.

[…] Auf Inhalte, die polemisch[2], ironisch, zugespitzt, pointiert, spöttisch, schwarzhumorig oder provokant sind, die dem Zeitgeist entschieden widersprechen, den Mainstream konterkarieren[3] oder einer vordergründigen Moral bewusst nicht gehorchen wollen, gibt es immer häufiger eine einzige reflexhafte Reaktion: heftigste Empörung, drastische Diskriminierungsvorwürfe und pauschale Anschuldigungen. „Na und?", könnte man sagen – dann sollen diejenigen, die sich permanent angegriffen fühlen, doch einfach dauerbeleidigt sein. Betrifft ja nur sie selbst. Aber das stimmt leider nicht. Denn wer schmollt, zieht sich zurück, will nicht mehr zuhören, boykottiert bewusst jeden Dialog und verhindert so letztlich die Chance auf eine konstruktive Debatte und die Annäherung über Argumente.

Die Tendenz zu inflationärem Beleidigtsein ist Gift für unsere Diskurskultur. Eine Gesellschaft, die es nicht schafft, in schwierigen Streitfragen miteinander im Gespräch zu bleiben, und die stattdessen mit Anschuldigungen um sich wirft, verhärtet sukzessive ihre ideologischen Fronten und erzeugt ein Klima der Feindseligkeit, das Kompromisse irgendwann unmöglich macht.

[…] Sogenannte Shitstorms erleben wir mittlerweile wöchentlich, #aufschrei-Varianten ungefähr im Halbjahrestakt. Die Wartezeit auf den nächsten vermeintlichen Eklat nutzt die sogenannte Netzgemeinde für orthografisch fragwürdige Fortschreibungen der Debatten in den

Kommentarfunktionen der sozialen Netzwerke. Wenn Empörung eine Sportart wäre, würde Deutschland wohl auf Jahre die Olympiasieger stellen.

Ein wahlloser Griff in die Erinnerungskiste fördert unzählige weitere Beispiele zutage. Als die E.On-Tochter *E wie einfach* einen TV-Spot schaltete, in dem ein junger Mann seine Freundin mit einer ordentlichen Kopfnuss ausknockt, weil sie nicht einschlafen kann, folgten die erwartbaren Erschütterungen ebenfalls auf dem Fuß. Der Film, so die Kritiker, verherrliche Gewalt gegen Frauen und sei sexistisch. Dass ihn eine Frau geschrieben hatte – egal. Ich fand schon damals, dass der Spot vor allem überrascht und Spaß macht. Die Lust, meine Freundin zu schlagen, überkam mich dabei jedenfalls nicht. E.On zog den Film trotzdem umgehend zurück. Als in einem Ikea-Clip einst eine Frau ihren Mann mit einer Pfanne k. o. schlug, protestierte übrigens niemand.

[...] Aber wie konnte es bloß dazu kommen, dass in Diskursen immer seltener mit Argumenten und immer häufiger mit Emotionen gepunktet wird? Und warum führen wir keine breite Debatte darüber, wohin uns diese Entwicklung bereits gebracht hat und noch bringen könnte?

Der grundsätzliche Konflikt ist offenkundig: Es geht im Kern um Meinungsfreiheit und Kunstfreiheit versus politisch-korrekten Zeitgeist, dogmatische[4] Ideologien sowie die elitären[5] Dünkel[6] der Religiösen. Auch die Frage, warum mitunter lieber Affekte ins Feld geführt werden als Inhalte, ist relativ leicht zu beantworten: Drangsalierten Emotionen lässt sich kaum etwas entgegensetzen. Was soll man schon jemandem antworten, der darüber klagt, dass ihm eine Meinungsäußerung, eine Satiresendung, ein Werbespot oder eine Karikatur gravierende seelische Qualen bereitet?

[...] Wenn wir unsere liberale[7] Normalität und unsere nahezu uneingeschränkte Kunstfreiheit langfristig erhalten wollen, müssen wir endlich zu der Einsicht kommen, dass sich hinter überbordenden Shitstorms und permanent „verletzten Gefühlen" keine menschlichen Tragödien verbergen, die es zu bedauern gilt. Sondern Belege dafür, dass glücklicherweise immer noch viele Menschen ihr Recht auf freie Meinungsäußerung und unzensierten Humor in Anspruch nehmen.

[...] Es gibt Dinge, die man aushalten muss. Und zwar ohne Wenn und Aber. Meinungs- und Kunstfreiheit existieren nur ganz oder gar nicht. [...]

---

1 Contenance: Selbstbeherrschung
2 polemisch: scharf, unsachlich
3 konterkarieren: durchkreuzen, durchbrechen
4 dogmatisch: starr, engstirnig
5 elitär: überheblich
6 Dünkel: Anmaßung, Arroganz
7 liberal: freiheitlich

---

3 a Markieren Sie Textstellen, an denen die Position des Autors deutlich wird. Ein Anfang ist bereits gemacht.
b Halten Sie die Position des Autors schriftlich in Ihrem Kursheft fest. Belegen Sie Ihre Aussagen mit Textangaben.

Simon Urban verweist in seinem Artikel darauf, dass sich in der Gesellschaft ein ... (vgl. Z. 3f.). ...

4 Erklären Sie in Ihrem Kursheft, welchen Appell Simon Urban an die Leserschaft richtet.

5 Diskutieren Sie in Ihrem Kurs die Position von Simon Urban. Können Sie durch eigene Erfahrungen bei Debatten oder Diskussionen bestätigen, dass es sich bei den Deutschen um „ein Volk der Beleidigten" handelt?

6 Recherchieren Sie in Kleingruppen ein Ereignis, bei dem es innerhalb sozialer Medien zu einem „Shitstorm" gekommen ist. Untersuchen Sie mit Hilfe der Hinweise aus der Information sprachliche Auffälligkeiten, die diesen „Shitstorm" auszeichnen und notieren Sie diese stichpunktartig in Ihrem Kursheft. Tragen Sie Ihre Ergebnisse anschließend im Kurs zusammen.

Info **Politisch-gesellschaftliche Debatten in sozialen Medien**

Politisch-gesellschaftliche Debatten, z. B. zum Klima, zum Fleischkonsum oder zum Mindestlohn, finden insbesondere in den sozialen Medien statt. Damit diese Kommunikation gelingt, müssen alle Beteiligten eine **Debattenkultur** im Rahmen der **Netiquette** entwickeln. Dazu gehören ein angemessener und konstruktiver Umgang miteinander sowie Toleranz gegenüber gegenteiligen Meinungen und abweichenden Positionen.
Debatten in sozialen Netzwerken können eine negative Dynamik entwickeln, wenn eine Person oder ein Standpunkt von vielen Kommunikationsteilnehmern missbilligt oder abgelehnt wird, sich Lager bilden und es nur noch darum geht, zu gewinnen. Dann entsteht eine **Skandalisierungsspirale**, ein sogenannter **Shitstorm**, in der die Meinungsfreiheit kaum noch gewährleistet ist. Sprachlich zeichnet sich ein Shitstorm in sozialen Medien oftmals durch aggressive und herabsetzende Begriffe und Formulierungen in der Umgangs- oder Vulgärsprache aus. Häufig werden Ausrufe, Ellipsen und Wiederholungen benutzt.

4.3 Die Stimme des Einzelnen: Politik-Vlogger

1 Die Wissenschaftler sind sich einig, dass wir [...] so schnell wie möglich mit Kohle, Öl und so 'nem Shit aufhören müssen.

2 Aber es ist nicht nur ein Problem, wenn sich Politiker bewusst nicht auf die Seite wissenschaftlicher Erkenntnis stellen. Es ist auch problematisch, wenn sie sehr, sehr close mit reichen Unternehmen sind.

3 Eine FDP-Politikerin sagt, dass es mehr Extremwetterereignisse gäbe, sei Fake News. [...] Das ist völliger Bullshit und widerspricht jeglichem wissenschaftlichen Stand.

4 Es gibt sogar Studien, die zeigen, dass je eher du sagst: „Nein, der Mensch ist nicht schuld am Klimawandel", desto eher hast du gar keinen Plan vom Thema.

Der Webvideoproduzent Rezo hat mit seinem YouTube-Video „Die Zerstörung der CDU" im Jahr 2019 auf sich aufmerksam gemacht. Darin übt er anhand zahlreicher Argumente eine grundlegende Kritik an dieser Partei.

1 Untersuchen Sie die Argumente und die Argumentationsweise Rezos.
   a Ordnen Sie in Ihrem Kursheft die Argumente 1 bis 4 verschiedenen Argumenttypen zu. Nutzen Sie hierzu auch die Hinweise aus der Information (▶ S. 95, Argumenttypen).
   b Erläutern Sie in Ihrem Kursheft die Stichhaltigkeit und Überzeugungskraft der Argumente 1 und 3.
   c Beurteilen Sie die nachfolgende Kritik von Martin Kessler.

Martin Kessler: Wo Youtuber Rezo recht hat – und wo nicht (2019)

Der Youtuber Rezo argumentiert zugespitzt, aber entlang der Veröffentlichungen führender Klimaforscher, Ökonomen und Biologen. [...] Allerdings übernimmt der Youtuber einfach die Aussagen der Wissenschaftler als eigene Meinung und blendet unten lediglich die Quellen ein. Er unterschlägt die Tatsache, dass auch die besten Studien nur den aktuellen Stand der Wissenschaft abbilden können. Erkenntnisse können sich ändern. Und Prognosen über die möglichen Folgen der Erderwärmung lassen sich derzeit nicht präzise und zweifelsfrei vorhersagen. [...] Gewagt ist die Schlussfolgerung, an diesem Klimawandel sei vor allem die Bundesregierung schuld, als gebe es keine anderen gesellschaftlichen Gruppen. Er geht von einer faktischen Diktatur der Bundesregierung aus und unterstellt, dass sie alles durchsetzen kann, was Wissenschaftler sagen. Ein merkwürdiges Demokratieverständnis.

2 Untersuchen Sie sprachlich-rhetorische Mittel, die Rezo in seinen Videos verwendet.
   a Schauen Sie sich einen Ausschnitt des Videos „Die Zerstörung der CDU" von Rezo an und notieren Sie in Ihrem Kursheft Stichpunkte zu folgenden sprachlich-rhetorischen Aspekten:

   Ironie • Beleidigungen • Jugendsprache • persönliche Ansprache • Argumente • Emotionalisierung

   b Erklären Sie, was Rezo mit der speziellen Form der Bild- und Sprachgestaltung im Hinblick auf das Publikum beabsichtigt. Gehen Sie dabei auch allgemein auf das Medium YouTube und die Erwartungshaltungen und Nutzungsgewohnheiten der YouTube-Nutzerinnen und -Nutzer ein.
   c Begründen Sie, inwiefern Vlogger (▶ Information) die politische Meinungsbildung beeinflussen.

> **Info Politik-Vlogger**
>
> Der Begriff **„Vlog"** ist eine Zusammensetzung aus **„Video"** und **„Blog"** (Tagebuch im Internet). **Vlogger** betreiben einen Blog in Form von **Videos** auf einer Plattform wie beispielsweise YouTube, in denen sie sich meist an ein junges Publikum richten. Sie produzieren in regelmäßigen Abständen Videos zu den unterschiedlichsten Themen, z. B. Reisen, Lifestyle, Gaming, aber auch Politik. Vlogger suggerieren in ihren Videos häufig eine **persönliche Authentizität** (Echtheit), indem sie eine **unterhaltsame Atmosphäre** erzeugen, einen **lockeren, jugendlichen Sprachtenor** pflegen oder durch persönliche Ansprachen an ihr Publikum besonders **zugewandt** und **nahbar** erscheinen.

4.4 Politische Kommunikation als Inszenierung

1 Diskutieren Sie das nachfolgende Zitat des ehemaligen Ministerpräsidenten des Saarlandes Peter Müller. Gehen Sie dabei besonders auf die Rolle des Politikers als Schauspieler ein.

„Sind Politiker Schauspieler? Antwort: Ja. Ja! Politik ist Theater. Wer kommunizieren will, darf wenig informieren. Wenn das so ist, dann müssen sie Nachrichten produzieren, und ohne Theater keine Nachricht. Und je mehr Theater, umso größer die Chance, dass eine Nachricht entsteht."

2 Lesen Sie den nachfolgenden Text aktiv mit einem farbigen Stift und markieren Sie weitere wesentliche Aspekte bezüglich der Inszenierung von Politikern.

Ulrich Sollmann: **Wie man Authentizität inszeniert** (2019)

Politik ist nicht nur Partei, Programm und Macht. Sie ist immer auch Vermittlung und mediale Inszenierung. Darum braucht sie ein Gesicht, das Gesicht des Politikers, der diese Macht verkörpert. Das ist insbesondere in Zeiten des Wahlkampfs vonnöten. Je differenzierter und plastischer Politik in den Medien abgebildet ist, desto eher haben Politiker [...] die Chance, zu einem nahbaren Politiker zu werden. Dieser ist dem Medienkonsumenten und potenziellen Wähler dann auf seltsame Art und Weise vertraut, als säße er neben ihm auf der Couch im Wohnzimmer vorm Fernseher. Der Medienkonsument ist der Überzeugung: „Klar, den kenn ich doch." Das ist die entscheidende emotionale Währung im Wahlkampf. Diese Authentizität[1] des Politikers ist immer eine inszenierte Authentizität. Politik hat sich immer stärker zur gefühlten, erlebten Politik gewandelt. Wahlentscheidungen wirken darum heute mehr denn je wie Entscheidungen für oder gegen Personen. Verstärkt wird diese Personalisierung der Politik dadurch, dass ein Politiker an Bekanntheit gewinnt, je öfter er im Bild medial präsent ist. Das belegt die sogenannte Prominenzierungsforschung[2]. Ex-Kanzler Gerhard Schröder genoss es geradezu bildhaft, medial präsent zu sein, man denke nur an die Fotosession im Brioni-Anzug. Nicht ohne Grund nannte man ihn Medienkanzler. Die Prominenzierungsforschung weist auch darauf hin, dass der Wiedererkennungseffekt, die emotionale Wirkung und die Bedeutung der Person relativ unabhängig von der textuellen und inhaltlichen Botschaft zu sehen sind. Mit anderen Worten: Je öfter ein Politiker medial bildhaft präsent ist, desto größer ist sein Aufmerksamkeitsbonus. Je größer wiederum der Aufmerksamkeitsbonus, desto größer die Chance, gewählt zu werden. Dies geht nicht ohne die emotionale Wirkung des Politikers, nicht ohne Geschichten, die ihn nahbar wirken lassen. Öffentlichkeitswirksam sind Politiker dann, wenn sie das Zusammenspiel von nonverbaler[3] Wirkung, Körpersprache, Persönlichkeit und eigenen Verhaltensmustern beherrschen. Sie lernen die Kunst, „sie selbst zu sein" (als Persönlichkeit), „anders zu sein" (im Rollenverhalten unterscheidbar) und „öffentlich zu sein" (Öffentlichkeitskompetenz). Sie wagen es, sensibel, direkt und verantwortlich zu führen. Sie sind sicher im Umgang mit den Medien und auf der Bühne. Sie überzeugen, indem sie eine Richtung vorgeben und sich als Person so inszenieren, dass sie bestenfalls Sicherheit in unsicheren Prozessen vorleben. Sie haben gelernt, Spannungen auszuhalten und wichtige Entscheidungen zu treffen, auch wenn diese Entscheidungen nicht immer auf Gegenliebe stoßen. [...] Je bewusster sich Politiker ihrer Verhaltensmuster und ihrer Persönlichkeit sind, desto anschlussfähiger sind sie im jeweiligen Kontext. Dabei wirken sie weniger durch einen spezifischen Verhaltenscode, der eher die Qualität von gutem Benehmen hat. Stattdessen überzeugen sie als Typus[4], durch ihren individuellen Habitus[5]. Je glaubwürdiger, das heißt in sich stimmiger, der jeweilige Typus wahrgenommen wird, desto höher ist die persönliche Wirkfähigkeit im öffentlichen Feld. Sie stehen zu ihren Ecken und Kanten und bleiben dadurch in Erinnerung. [...]

---
1 Authentizität: Echtheit
2 Prominenzierung: Methode, um jemanden bekannt zu machen
3 nonverbal: nicht auf Worten beruhend
4 Typus: Art oder Charakter einer Person
5 Habitus: Auftreten oder Umgangsformen einer Person

3 Erklären Sie in Ihrem Kursheft folgende Aspekte in Sollmanns Text:
– Welche Bedeutung und welche Absichten kommen der medialen Inszenierung von Politikerinnen und Politikern zu?
– Was bedeutet „inszenierte Authentizität" (Z. 14 f.)?
– Welche Erkenntnisse führt die Prominenzierungsforschung (Z. 21 f.) an und welche Konsequenzen ergeben sich daraus für Politikerinnen und Politiker?
– Welche Aspekte müssen Politikerinnen und Politiker beachten, um „öffentlichkeitswirksam" (Z. 35 f.) zu sein?

Thymian Bussemer: **Beziehungsstörungen** (2010)

In der Mediengesellschaft fungieren[1] Medien als die primären Vermittlungsinstanzen für Politik, deren Regeln nicht nur die Politikdarstellung, sondern auch die Politikherstellung immer mehr dominieren. Ein neuer Schub der Medialisierung[2] hat die stets prekäre Balance zwischen Politik und Medien endgültig zugunsten der letzteren verschoben. Seit den 80er Jahren – nach der Einführung des dualen Rundfunks[3] – geriet die Politik immer stärker in den Sog von Medienerwartungen, ohne sich diesen wirksam widersetzen zu können.

Gleichzeitig hat sich das Medienhandeln so beschleunigt, dass die Politik nicht mehr schnell genug jenen Stoff liefern kann, den die Medien in unendlicher Abfolge brauchen. Deswegen haben diese sich mehr und mehr von der politischen Prozesslogik[4] abgekoppelt. Sie orientieren ihre Berichterstattung zunehmend an ihrem eigenen Funktionscode – und nicht länger an den Vorgaben, die aus dem politischen System kommen. Nicht mehr die politische Agenda[5], sondern das Eigenkalkül[6] der Medien bestimmt mehr und mehr die Berichterstattung. Politisches und Persönliches, Ernstes und Unterhaltsames werden in einer Art und Weise abgemischt, die stark von den Aufmerksamkeitsregeln des Boulevards[7] bestimmt ist. „Storytelling", das möglichst unterhaltsame Erzählen einer Geschichte, ist für die Auswahl von Nachrichtenstoff unterhalb der Ebene der „Breaking News"[8] vielfach wichtiger als Inhalte. Personalisierung und Skandalisierung werden auch dort zu Ankerpunkten der Berichterstattung, wo es um routinehafte, nicht personengebundene Sachfragen geht. Unterhaltung gewinnt immer mehr an Bedeutung, und damit siegt die Dominanz des Formats[9] endgültig über den Inhalt. [...] Die Politik hat sich auf diesen gewachsenen Medieneinfluss längst eingestellt. Sie ist in den vergangenen [...] Jahren telegener[10] geworden. Die besten Aussichten auf ein politisches Spitzenamt hat heute, wer [...] gut rüberkommt.

---

1 **fungieren:** dienen
2 **Medialisierung:** Verbreitung von Massenmedien
3 **dualer Rundfunk:** privater und öffentlich-rechtlicher Rundfunk
4 **Prozesslogik:** Reihenfolge der Schritte eines Entwicklungsprozesses
5 **Agenda:** Katalog von Aufgaben, Pflichten und Aktivitäten
6 **Eigenkalkül:** spezifisches Regelsystem
7 **Boulevard:** hier: Unterhaltungsjournalismus
8 **Breaking News:** wichtige Nachricht, die das laufende Programm unterbricht
9 **Format:** hier: Konzept einer unterhaltsamen Reihe
10 **telegen:** fernseh- oder medientauglich

4 Halten Sie in einem Schaubild wesentliche Schritte fest, die die Entwicklung der Beziehung von Politik und Medien kennzeichnen (▶ Information).

Medien als Vermittlungsinstanz von Politik *zunehmende ...* *Politik gerät immer mehr ...* *...*

5 Erläutern Sie in Ihrem Kursheft, inwiefern es sich bei den Besuchen von Politikerinnen oder Politikern in Katastrophengebieten auch um mediale Inszenierungen handelt. Gehen Sie dabei auf die Rolle der Politikerin oder des Politikers, der Medien sowie die Wirkung in der Öffentlichkeit ein.
Mit dem Besuch in Katastrophengebieten möchten Politikerinnen oder Politiker zum einen ihre Anteilnahme ...

Olaf Scholz beim Besuch in Schleiden, Nordrhein-Westfalen, nach der Flutkatastrophe im Jahr 2021

Info — Politische Inszenierung

Unter **politischer Inszenierung** versteht man den Prozess der **Selbstdarstellung von Politikerinnen und Politikern in der Öffentlichkeit.** Dabei sind Politiker bestrebt, ein möglichst positives Bild von sich zu präsentieren und einen möglichst souveränen und authentischen Eindruck zu vermitteln. Wichtig ist dabei auch, möglichst oft in Erscheinung zu treten, um von der **Wählerschaft wahrgenommen und wiedergewählt** zu werden. Unterstützt werden sie dabei von den Medien, die für die Übertragung der Selbstdarstellung sorgen. Dadurch geraten Politiker unter Druck, den Medien und somit der Öffentlichkeit Nachrichten zu präsentieren, auch wenn es gar keine Neuigkeiten gibt.

Im Zuge der Verbreitung der Massenmedien seit Beginn der 80er Jahre, die ständig neue Geschichten produzieren müssen, wird ein weiteres Phänomen bedeutsam, das man als **Storytelling** bezeichnet. Politische Ereignisse werden demzufolge im Rahmen **narrativer** (erzählender) **Muster und Rollen** vermittelt, z. B. „David gegen Goliath" (als Erzählung für den Kampf der Klimaaktivistin Greta Thunberg gegen die Energieriesen) oder „Der Retter" (als Erzählung für den Einsatz des Politikers Olaf Scholz im Krisengebiet). Dies birgt die Gefahr, dass das **Erzählen** wichtiger wird als die **Inhalte.**

4.5 Politisch-gesellschaftliche Kommunikation in sozialen Medien

1 **a** Untersuchen Sie den Tweet des Politikers Olaf Scholz. Notieren Sie, worauf er sich bezieht.

Scholz verweist in diesem Tweet auf die Demonstrationen für den Klimaschutz, indem er sich _____

_____

_____

_____

> **Olaf Scholz** @OlafScholz
>
> Ich danke @FridayForFuture, dass durch die ihre #Demos endlich einiges auf den Weg gebracht werden konnte, was notwendig war, um den von Menschen gemachten #Klimawandel aufzuhalten.
>
> 11:35 vorm. · 21. Sep. 2019 · Twitter for iPhone
>
> 50 Retweets 541 Zitierte Tweets 243 „Gefällt mir"-Angaben

b Analysieren Sie in Ihrem Kursheft die Sprache des Tweets (▶ Information S. 100). Gehen Sie dabei besonders auf die Funktion und Verwendung von Schlagworten mittels Hashtags ein.

c Beurteilen Sie in Ihrem Kursheft die Absicht des Tweets. Beziehen Sie in Ihre Überlegungen auch die Zielgruppe ein.

d Diskutieren Sie, welche Chancen soziale Netzwerke wie Twitter für die politische Kommunikation bieten.

Markus Feldenkirchen, Veit Medick: **Politischer Burn-out** (2021)

Twitter ist in den vergangenen Jahren schwer erträglich geworden. Die politische Auseinandersetzung auf der Plattform wurde aggressiver, hämischer, es wirkt, als stünden sich die User wie Feinde in Schützengräben gegenüber. „Respekt, Toleranz und Sachlichkeit sind zu Fremdwörtern geworden", schrieb der Vorsitzende der Münchner Sicherheitskonferenz, Wolfgang Ischinger, dieser Tage an die Twitter-Gemeinde: „Schämen Sie sich, allesamt." Man könnte darüber hinweggehen und sagen, Twitter sei nur das Paralleluniversum einer kleinen Gruppe, entkoppelt von der Realität und den Themen, die Menschen draußen im Land eigentlich bewegen. Es ist eine interessante und beruhigende Lesart, nur ist sie leider Quatsch. Twitter ist eine neue Form des Stammtischs, ein digitaler Seismograf gesellschaftlicher Debatten. Ob die Lage in Afghanistan oder die Logik der Coronaregeln, ob Hochwasser, Klimakrise oder die Frage, wer nach der Wahl mit wem koaliert: Themen, die im Land als wichtig gelten, werden bei Twitter diskutiert – und mit maximalem Drehmoment über Journalisten, Politiker, politische Zuarbeiter und Lobbyisten hinaus in die Welt geschleudert. Von einem „Turbo für Debatten" spricht der Publizist Ulf Poschardt. So verschärft Twitter eine problematische Kultur der Kurzfristigkeit. Der Drang, Ereignisse in Sekundenschnelle zu bewerten, oft ohne sie wirklich zu prüfen, erzeugt häufig eine falsche Wiedergabe der Wirklichkeit und damit bisweilen tiefe Ungerechtigkeiten. [...] Egal wie falsch eine Behauptung auch sein mag: Ab einer gewissen Reichweite ist es fast unmöglich, Unsinn oder Lügen wieder aus der Welt zu schaffen. Durch Kopieren und Teilen landet dergleichen in den hintersten Ecken des Dienstes. Es ist eines der absurden Twitter-Gesetze: Je mehr Reichweite, desto größer wirkt die Glaubwürdigkeit der Botschaft. Hinzu kommt: Aufmerksamkeit verglüht bei Twitter in der Regel innerhalb von Stunden. Wer zu spät reagiert, wird gar nicht mehr wahrgenommen. Ist ein Fehler tausendfach geteilt, interessiert sich kaum jemand dafür, wie es wirklich war. [...] Für Politiker ist Twitter zum ambivalentesten Medium unserer Zeit geworden. Einerseits verspricht es Aufmerksamkeit, andererseits lauert die ständige Gefahr, auf eine Mine zu treten. Politiker können glänzen, wenn sie kluge Dinge schreiben oder witzig sind. Twitter kann ihnen schwer schaden, wenn etwas schiefläuft. Um den Risiken zu entgehen, haben sich manche Politiker von der Plattform abgemeldet. [...] Der Tübinger Kommunikationswissenschaftler Bernhard Pörksen ist einer der wenigen mit einem differenzierten Blick. [...] Vor allem Politiker hätten es unter den Twitter-Bedingungen nicht leicht. Einerseits wollten die User, dass Politiker möglichst natürlich und ungeschminkt auftreten. Gleichzeitig gebe es aber auch eine Perfektionssehnsucht – Patzer und selbst kleinere Fehltritte würden gnadenlos aufgegriffen, bewertet und verurteilt. „Bei dieser Mischung ist der politische Burn-out quasi programmiert", sagt Pörksen. Der Dienst, zumindest in der jetzigen Form, sei ein Instrument, das den Politikverdruss fördere. [...] Wer kann, wer will sich diesen einander widersprechenden Anforderungen weiter aussetzen? Wer kann ihnen genügen, ohne selbst zugrunde zu gehen im Sturm der Anfeindungen und der Häme? Der frühere Fußballbundestrainer Berti Vogts, über den auch gern gespottet wurde, soll einmal den schönen Satz gesagt haben: „Wenn ich übers Wasser laufen könnte, würden die Leute sagen: ‚Der kann ja nicht mal schwimmen.'" So ähnlich ist der Umgang vieler Twitter-User heute mit dem politischen Spitzenpersonal.

2 **a** Lesen Sie den Text aktiv mit einem farbigen Stift und markieren Sie die Kernaussagen der Autoren.
b Formulieren Sie mit Textbelegen in Ihrem Kursheft, welche Meinung die Autoren hinsichtlich des sozialen Netzwerks „Twitter" vertreten.

3 Erläutern Sie unter Berücksichtigung der grün markierten Wörter in Ihrem Kursheft, mit welchen sprachlichen Mitteln die Autoren Twitter beschreiben. Gehen Sie dabei auch auf die Wirkung der sprachlichen Mittel ein.

4 Erklären Sie mit Textbelegen in Ihrem Kursheft, inwiefern Twitter für Politikerinnen und Politiker ein „ambivalentes Medium" (Z. 38) darstellt. Verwenden Sie hierzu die folgenden Satzbausteine:
Politikerinnen und Politiker können das soziale Netzwerk einerseits verwenden, um ...
Indem Sie kluge oder witzige Dinge schreiben, ...
Andererseits besteht aber auch die Gefahr, dass ...
In extremen Fällen kommt es sogar zu ...

5 **a** Analysieren Sie in Ihrem Kursheft die Sprache und die Wirkung des nebenstehenden Posts in einem sozialen Netzwerk sowie die dazugehörigen Kommentare.
Der Post aus einem sozialen Netzwerk richtet sich gegen den Politiker Karl Lauterbach ...

b Zu Beleidigungen und Aufrufen zu Gewalt und Hass in sozialen Netzwerken soll der sogenannte „Enthemmungseffekt" beitragen. Erörtern Sie in Ihrem Kursheft, welcher Effekt damit gemeint ist und welche Rolle dabei das Internet spielt.
Neben den Vorteilen der digitalen Kommunikation ...

Monika W■■■ ▶ DIE RUNDE (DAS ORIGINAL) ...
8. Februar um 18:14

Wann stoppt jemand diesen Typen!!

T-ONLINE.DE
Karl Lauterbach warnt vor dritter Corona-Welle
Die Corona-Mutationen breiten sich in Deutschland aus. Für Lock...

😡😮😲 11

Ingrid A■■■
in die psychatrie
letzten Mo   Gefällt mir   Antworten   Mehr

Christian S■■■
Gleich Erschiessen das ist meine Meinung
am Di   Gefällt mir   Antworten   Mehr

Franz W■■■
So einen irren muss man doch Zwangseinweisen, der ist doch gefährlich! 😂 3
am Di   Gefällt mir   Antworten   Mehr

> **Info** **Politisch-gesellschaftliche Kommunikation in sozialen Medien**
>
> Soziale Medien dienen auch der politischen Auseinandersetzung. Wurden politische Themen früher hauptsächlich durch Massenmedien wie Zeitung, Rundfunk und Fernsehen verbreitet, setzen immer mehr Politikerinnen und Politiker, aber auch Aktivisten, auf den Einfluss sozialer Medien und nutzen die **direkte Kommunikation** mit den Bürgerinnen und Bürgern. Diese Medien haben eine große Reichweite, da Inhalte tausende Nutzerinnen und Nutzer gleichzeitig erreichen können. Aufgrund der Möglichkeit, **Kommentare zu verfassen** oder **Nachrichten zu teilen und zu bewerten**, besteht für Politiker aber auch immer die Gefahr, **öffentlich kritisiert, beleidigt** oder **angefeindet** zu werden. Soziale Medien werden zudem missbraucht, um **Verschwörungserzählungen** oder **Aufrufe zur Gewalt,** z. B. gegenüber Politikern, zu verbreiten.
> Bürgerinnen und Bürger stoßen auch von sich aus **politisch-gesellschaftliche Diskussionen** in sozialen Medien an oder organisieren mit Hilfe dieser Plattformen zum Teil einflussreiche Bewegungen, z. B. die Bewegung für den Klimaschutz *Fridays for Future*.
> **Sprachlich** zeichnen sich die Mitteilungen meist durch **inhaltliche Prägnanz** sowie die Verwendung von **Schlagworten** und **Hashtags** (ein mit Doppelkreuz versehenes Stichwort, das Nachrichten in sozialen Medien zu einem Thema bündelt und damit leichter auffindbar macht) aus.

4.6 Politisch-gesellschaftliche Kommunikation in den Massenmedien

1 Tauschen Sie sich darüber aus, ob Sie sich politische Talkshows im Fernsehen anschauen. Welche Sendungen sind Ihnen bekannt?

Martin Schulte: **Warum die totgesagten Politik-Talkshows noch immer leben** (2021)

[...] Die politische Talkshow [ist] eines der erfolgreichsten TV-Formate[1]. Sie hat in Deutschland eine lange Tradition [...]. Das Prinzip ist dabei so einfach wie preiswert: Die jeweilige Redaktion setzt – gern dramatisch formuliert – das Thema, sucht die Gäste nicht nur nach der Expertise[2], sondern auch nach dem Unterhaltungsfaktor aus und würzt das alles gern noch mit ein oder zwei Studiogästen, die entweder die Stimme des Volkes oder von Wissenschaft und Wirtschaft vertreten. *Politainment* nennt sich das, eine Mischung aus Politik und Entertainment[3]. Der Erkenntnisgewinn dieser Formate ist oft mäßig, weil die Themen meist oberflächlich verhandelt werden – zu viel Tiefe verschreckt den Zuschauer. Andererseits erleichtern sie aber auch den Zugang zu politischen Themen.

Der Medienwissenschaftler Bernd Gäbler hat es in seiner Studie zu den Talkshows im Jahr 2011 so formuliert: „Konkrete Fragen werden ins Wolkige geweitet. Kontroversen werden in der Regel nicht rationalisiert, sondern psychologisiert. Komplexe Entscheidungen werden gerne auf Ja/Nein-Schemata heruntergebrochen." Gäblers zehn Jahre alte Studie ist eine 154-seitige Vernichtung des Polittalks, die in zwei wesentlichen Erkenntnissen mündet: „Die Kluft zwischen Politik-Darstellung und realer Verhandlungs- und Entscheidungspolitik wird größer." Und: „Jetzt schon haben die Talkshows den Zenit ihrer Bedeutung überschritten."

Letzteres zumindest stimmt nicht, die Zahl der Sendungen, in denen über Politik gesprochen wird, ist deutlich gewachsen, auf YouTube, in Streams, aber auch im analogen Fernsehen. Derzeit versuchen private Sender wie Pro7 und RTL das Trash-Image[4] abzustreifen und haben der öffentlich-rechtlichen Konkurrenz mit Linda Zervakis und Pinar Atalay gestandene Nachrichtengesichter abgeworben. Die ersten Infotainment-Talk-Formate[5] sind auch dort bereits in der Vorbereitung. Der langjährige ARD-Nachrichtensprecher Jan Hofer etwa ist unlängst mit seiner neuen Sendung „RTL Direkt" auf Sendung gegangen, auch dort wird, unter anderem, getalkt. [...] Wie eng der Markt und die Themen sind, belegen nicht zuletzt die Zahlen, die der Branchendienst „Meedia" am Ende eines jeden Talk-Jahres veröffentlicht. 2020 war in dieser Hinsicht besonders auffällig, denn das alles dominierende Thema war die Corona-Pandemie. Von 106 Sendungen „Anne Will", „Hart aber fair"

Politik-Talkshow: „maybrit illner", ARD, 2021

und „maybrit illner" drehten sich 66 um das Corona-Thema, weit abgeschlagen folgte die US-Wahl mit acht Sendungen. Auch wenn die Pandemie aus naheliegenden Gründen die Themenagenda der Talkformate bestimmt hat, zeigt sich doch das eingeschränkte Sichtfeld der beteiligten Redaktionen; sie bestätigen damit einen anderen zentralen Satz aus der Studie des Medienforschers Gäbler: „Talkshows sind nie vorausschauend, immer reaktiv." [...] Gleiches gilt wohl auch für die Besetzung der Gästelisten [...]. Die [...] sind [...] immer ein Beleg dafür, dass die Kriterien bei der Wahl der Diskutanten nicht nur ihr Fachwissen, sondern auch immer ihr Unterhaltungswert ist. Infotainment braucht meinungsstarke und rhetorisch offensive Protagonisten. Wer diese Kriterien bedient, der wird in einer unbezahlbaren Währung entlohnt: Bekanntheit und öffentliche Aufmerksamkeit. Man muss es ja nicht zwingend mit dem legendären Ex-Kanzler Helmut Schmidt halten, der schon 1994 ätzte: „Die heutige politische Klasse ist gekennzeichnet durch ein Übermaß an Geilheit, in Talkshows aufzutreten." Aber das latente Gefühl vieler Zuschauer, dass einige der Polittalk-Protagonisten doch etwas zu oft ihr Gesicht in die Kameras halten, würde man sich auch auf der anderen Seite des Bildschirms und in den Parlamenten wünschen.

---
1 **Format:** Konzept einer Reihe von Sendungen
2 **Expertise:** Expertenwissen
3 **Entertainment:** Unterhaltung
4 **Trash:** banale oder seichte Form von Kunst oder Unterhaltung
5 **Infotainment:** Sendeformat, das Information und Unterhaltung miteinander verbindet

2
a Erklären Sie in Ihrem Kursheft anhand des Textes von Martin Schulte, warum Politik-Talkshows nach wie vor populär sind. Gehen Sie dabei besonders auf die Gestaltung des Polit-Talk-Formates ein.
b Erläutern Sie in Ihrem Kursheft anhand des Textes von Martin Schulte und mit Hilfe der Information auf S. 102, inwiefern sowohl Politikerinnen und Politiker als auch die Sender vom Polit-Talk-Format profitieren.
Weil Politikerinnen und Politiker durch die Teilnahme an der Sendung eine große Menge an Zuschauerinnen und Zuschauern erreichen, ...

Andreas Elter: Alles nur noch Unterhaltung? (2011)

Ebenso alt wie die politischen Talks ist auch die Kritik an ihnen. [...] Die Hauptkritikpunkte lassen sich wie folgt zusammenfassen – durch die Flut an politischen Talks würden bestimmte Tendenzen bestärkt:

- Personalisierung (es wird nur noch über Personal gesprochen, nicht über Inhalte),
- unzulässige Mischung von Unterhaltung und Politik (Politainment[1] und Boulevardisierung[2] politischer Inhalte),
- immer dieselben Gäste (ein kleiner Kreis von TV-Diskutanten prägt das öffentliche Bild),
- einseitige thematische Ausrichtung (wichtige Themen, die auch hätten diskutiert werden können, kommen nicht mehr zur Sprache),
- Quotenfixierung[3] (populäre Themen werden schwierigen, aber wichtigen Themen gegenüber bevorzugt, es herrsche das Motto: „interessant vor relevant"),
- Talkshows als Ersatzparlament (einige Politiker zeigten sich eher im Fernsehen als im Bundestag),
- übertriebener Selbstdarstellungstrieb der Gäste (telegene[4] Menschen und Dauerredner würden die Überhand über Gäste gewinnen, die sich zur Sache äußern möchten),
- Langeweile durch Überangebot (immer gleiche Themen und Gäste führten letztlich nicht zu mehr Interesse des Publikums an Politik, vielmehr sei das Gegenteil der Fall – dadurch werde der Trend zur Entpolitisierung verstärkt). [...]

---

1 **Politainment:** Sendeformat, das Informationen zur Politik mit Unterhaltung verbindet
2 **Boulevardisierung:** Entwicklung in Richtung Unterhaltungsjournalismus
3 **Quote:** Prozentsatz der Zuschauerinnen und Zuschauer einer Sendung im Verhältnis zur Menge aller Empfangspersonen
4 **telegen:** fernseh- oder medientauglich

3 a Erstellen Sie anhand des Textes von Andreas Elter „Alles nur noch Unterhaltung" in Ihrem Kursheft eine Mindmap, in der Sie wesentliche Kritikpunkte an politischen Talkshows festhalten.
b Diskutieren Sie in Ihrem Kurs, inwieweit Politik-Talkshows die politisch-gesellschaftliche Meinungsbildung einseitig oder negativ beeinflussen.

4 Verfassen Sie auf der Grundlage Ihrer Mindmap, der Diskussionsergebnisse in Ihrem Kurs und mit Hilfe der Information einen Text, in dem Sie über die Funktion von Politik-Talkshows und über die Kritik an ihnen informieren. Formulieren Sie abschließend eigene Tipps für die „ideale Politik-Talkshow".

Info | Politische Kommunikation in den Massenmedien: Die Politik-Talkshow

Politische Talkshows werden oft kritisch als **„Politainment"** bezeichnet, d. h. als ein Sendeformat, bei dem nicht die **politischen Inhalte** im Vordergrund stehen, sondern die **Unterhaltung.** Deshalb werden in der Regel Gäste eingeladen, die möglichst **kontrastierende Positionen und Perspektiven** vertreten. Das **Thema** der Sendung ist zudem häufig **einseitig und provokant** formuliert, sodass es in der Sendung insgesamt weniger um Problemlösung geht als um **Dramatisierung,** die zu möglichst hohen **Einschaltquoten** führen soll. Eine Show gilt als erfolgreich, wenn sich im Anschluss eine Vielzahl von Zuschauern in den sozialen Netzwerken darüber austauscht.
Für das Publikum stehen vor allem das **Auftreten der Gäste** und ihre **Interaktion** untereinander oder mit den Moderatoren im Vordergrund. Den Gästen geht es daher in erster Linie darum, einen guten Eindruck zu machen bzw. ihr Image zu pflegen oder zu verbessern. Polit-Talkshows wirken oft wie eine Arena, in der sich der Schlagfertigste durchsetzt und in der die Dynamik von den Moderatoren häufig durch **provokante Fragen** oder **unausweichliche Ja-Nein-Fragen** angeheizt wird. Sowohl **sprachliche Faktoren** (z. B. rhetorische Mittel, provokante oder emphatische Ausdrucksweise, Sprachstil) als auch **außersprachliche Faktoren** (z. B. Mimik, Gestik, Körpersprache, Kleidung) sind wichtige Anhaltspunkte bei der Bewertung der Gäste durch das Publikum. Die **Bildregie** hebt solche Faktoren häufig wertend hervor, indem sie auf Details wie Hände oder Gesichter zoomt.

4.7 Analyse einer politischen Rede

Frank-Walter Steinmeier: **Rede zur Verleihung des Theodor-Wolff-Preises** (2021)

Der Theodor-Wolff-Preis ist ein Journalistenpreis, der seit 1962 jährlich in fünf gleichrangigen Einzelpreisen vom Bundesverband Deutscher Zeitungsverleger in Berlin verliehen wird.

[...] Ich danke heute, noch bevor gleich Lob und Preis Einzelne von Ihnen ereilt, ganz bewusst allen Journalistinnen und Journalisten in unserem Land – allen, die mit dieser ethischen Einstellung und mit dieser Leidenschaft und auch Lust an der Sache ihrer Arbeit nachgehen. [...]

Das Wichtigste, das der kritische Qualitätsjournalismus erhalten und stärken muss, ist Vertrauen der Leserinnen und Leser; ist Vertrauen in die Wahrheit des Geschriebenen, ist Vertrauen in die Integrität und die Unbestechlichkeit der Schreibenden, ist Vertrauen in die unparteiische Vollständigkeit des Berichteten und Vertrauen in die gewissenhafte, kritische Prüfung der Sachverhalte. Und vielleicht auch das Vertrauen darauf, dass es sich bei den Berichtsgegenständen nicht um zufällige Lieblingsthemen des Autors oder einen momentanen Hype[1] handelt. Dass es vielmehr um Geschichten, Personen, Prozesse geht, die für das politische und gesellschaftliche Zusammenleben oder für das persönliche Leben der Leserinnen und Leser wichtig sind.

[...] Guter Journalismus gibt Orientierung. Oder richtiger: Er schafft die Voraussetzungen dafür, dass der Einzelne und die Gesellschaft sich orientieren können. Dazu braucht es nicht in erster Linie entschiedene Meinungen. Meinungen bilden sich die Menschen gerne selber – auch wenn sie gelegentlich gerne wissen möchten, wie erfahrene Beobachter dieses oder jenes einschätzen und bewerten. Die besondere Verantwortung, die mit solchen Meinungsstücken verbunden ist, [...] versteht sich von selbst.

Meistens aber wollen die Menschen in erster Linie kritisch geprüfte, verständlich dargestellte Tatsachen: Transparenz im Unübersichtlichen, Entdeckung von verborgenen Zusammenhängen. Und dazu brauchen Sie, die Journalistinnen und Journalisten, einen möglichst gerechten, möglichst erfahrenen und dennoch immer neugierigen Blick auf die Wirklichkeit. Auf die Wirklichkeit, wie sie die Mehrheit erlebt, und auf die Wirklichkeit, wie sie von Minderheiten erlebt wird. Wenn der alte Spruch wahr ist, dass die Themen auf der Straße liegen, dann müssen Journalistinnen und Journalisten auch tatsächlich auf die Straße gehen, um die Themen dort zu finden. Twitter & Co. sind keine Straßen des echten Lebens. Sie sind eher die Highways[2] der Empörung.

Um nur ein Beispiel aus diesem aufgerauten Pandemiejahr zu nennen: In der Debatte um #Allesdichtmachen[3], deren Beiträge ich hier im Einzelnen weder politisch noch ästhetisch kommentieren will, hatte ich den Eindruck, die Wellen aus Empörung und Gegenempörung schwappten sehr viel schneller und lautstärker durch die Republik, als dass eine nüchterne Antwort auf die doch nahe liegende Frage gesucht wurde: Wer hat da eigentlich was genau und warum gesagt? Erst Berichterstattung, dann Meinung – diese Reihenfolge in Erinnerung zu bringen, dafür wäre ich nicht nur als Präsident, sondern auch als Leser sehr dankbar.

Mehr als noch vor wenigen Jahren sind wir, das erleben Sie alle sehr viel stärker als viele im Lande, nicht nur einer Überfülle von Informationen ausgesetzt, sondern immer stärker ganz bewussten Fehlinformationen, gezielt gestreuten Lügen und Falschmeldungen. So können Einzelne manipuliert und inzwischen ganze Gemeinwesen destabilisiert werden. Wir haben es in der jüngeren Vergangenheit erlebt – etwa bei dem gezielten Versuch, bestimmte Impfstoffe schlechtzureden oder Ängste in einem Publikum zu wecken, das selber keine Überprüfungsmöglichkeit hat –, und wir sind von den Sicherheitsbehörden gewarnt vor dem, was etwa im Zusammenhang mit der kommenden Bundestagswahl an gezielten Versuchen zur Beeinflussung auf uns zukommen kann. Wenn ausländische Geheimdienste mit gefälschter Identität und brutalen Lügen immer wieder versuchen, anderswo einen Onlinewahlkampf zu führen, müssen wir offenkundig auf der Hut sein. Wir brauchen größtmögliche Transparenz: Wer steckt hinter einem Post[4]? Ein automatisierter Bot[5], eine gekaufte Influencermeinung[6] oder eine unabhängige Bürgerstimme?

Natürlich tragen die digitalen Plattformen in dieser Frage eine entscheidend große Verantwortung. Eine Verantwortung, der sie bis jetzt noch nicht wirklich gerecht werden. Doch auch jede Kontrolle, Filterung, Regulierung funktioniert nicht ohne das einzig wirkliche Gegenmittel: die kritisch geprüfte Darstellung der Wirklichkeit und von Informationen, von denen die Menschen wissen, dass sie ihnen vertrauen können.

[...] Am Ende geht es für die Menschen immer um die gleiche Frage: Können wir dem, was uns gesagt wird, glauben? Das ist die große Verantwortung, in der jede seriöse journalistische Arbeit steht, und ich bin froh um die vielen von Ihnen, die Journalistinnen und Journalisten, Verlegerinnen und Verleger, die sich dieser Verantwortung mit Stolz und Ehrgeiz stellen.

[...] Journalisten sind selber gefährdet. Und zwar nicht nur in Diktaturen oder autoritären Systemen, sondern auch in liberalen, demokratischen Gesellschaften. Ein Artikel, eine Sendung, ein Podcast[7] kann nicht nur einen bösen, ja vernichtenden Shitstorm nach sich ziehen, er kann bis zur konkreten persönlichen Verfolgung und Bedrohung, einschließlich der Familie, führen. Ein Vor-Ort-Bericht bei einer sogenannten Querdenkerdemonstration[8] kann für den Berichtenden, auch das ist geschehen, im Krankenhaus enden.

Das sind unerträgliche, durch nichts zu rechtfertigende Zustände in einer Demokratie!

Ich bin mir jedenfalls sehr bewusst, welchem Risiko sich viele von Ihnen aussetzen, und ich will mich, auch im Namen der Leserinnen und Leser, der Hörer und Zuschauer, bei Ihnen allen bedanken. Bei Ihnen, die das aufbringen, was man in einer freiheitlichen Demokratie für korrekte journalistische Arbeit eigentlich gar nicht aufbringen müssen sollte: Mut und Unerschrockenheit, die Wahrheit herauszufinden und bei der Wahrheit zu bleiben. [...] Vielen Dank.

1 **Hype:** in Massenmedien aufgebauschte Nachrichten
2 **Highway:** Hauptverkehrsstraße; hier: Verbreitungsmedium für Massenemotionen oder -meinungen
3 **#Allesdichtmachen:** Serie von Videos, in denen bekannte Schauspielerinnen und Schauspieler Kommentare zu den Schutzmaßnahmen zur COVID-19-Pandemie abgaben
4 **Post:** Beitrag auf einer Social-Media-Plattform
5 **Bot:** automatisch arbeitendes Computerprogramm, das z. B. massenhaft Antworten oder Kommentare generiert, um Mehrheiten bei einer bestimmten Meinung vorzutäuschen
6 **Influencer:** Einzelpersonen, die in sozialen Netzwerken Produkte oder Lebensstile bewerben
7 **Podcast:** Serie von Audios oder Videos im Internet
8 **Querdenker:** Name einer Initiative gegen die Schutzmaßnahmen zur COVID-19-Pandemie

1 a Notieren Sie in Ihrem Kursheft Ihren ersten Leseeindruck. Wie wirkt die Rede auf Sie?
   b Markieren Sie in der Rede eine Schlüsselaussage Steinmeiers. Begründen Sie Ihre Auswahl im Kursheft.

2 Untersuchen Sie den Aufbau und den Gedankengang der Rede von Frank-Walter Steinmeier.
   a Markieren Sie mit blauen Linien die einzelnen Abschnitte der Rede. Die ersten Linien sind schon gesetzt.
   b Markieren Sie farbig Thesen, Argumente und Stützungen der Argumente (z. B. Beispiele, Erläuterungen, Belege, Zitate). Eine These ist bereits blau, ein Argument rot und ein Beispiel grün markiert.
   Tipp: Manchmal beginnt Steinmeier mit einem Argument und führt danach die zugehörige These an.
   c Fassen Sie die einzelnen Abschnitte stichwortartig zusammen und beschreiben Sie die Funktion des jeweiligen Textabschnitts sowie die darin enthaltenen Argumenttypen. Übertragen Sie dafür die Tabelle in Ihr Kursheft. Nutzen Sie hierfür auch die Hinweise aus der Information.

Zeilenangabe	Kernaussage, These	Argument, Stützung, Funktion
(Z. 5–10)	Dank an die Arbeit von Journalisten	→ bezeugt Respekt gegenüber der Arbeit von Journalisten
(Z. 11–24)	These: Kritischer Qualitätsjournalismus muss das Vertrauen der Leserschaft erhalten in die Wahrheit des Geschriebenen, in die Integrität der Schreibenden, …	
(Z. 25–34)	These: Guter Journalismus schafft die Voraussetzungen dafür, dass der Einzelne und die Gesellschaft sich orientieren können.	Plausibilitätsargument: Menschen wollen in erster Linie (…) Tatsachen, nicht Meinungen.
…	…	…

   d Beurteilen Sie in Ihrem Kursheft die Argumentationsweise von Frank-Walter Steinmeier. Gehen Sie dabei vor allem auf die Art der Argumente ein und führen Sie aus, inwieweit diese Sie überzeugen.
   Steinmeiers Rede ist ein Plädoyer für den Qualitätsjournalismus, der an objektiver Wahrheit orientiert ist und einen unmittelbaren Bezug zur Wirklichkeit haben sollte. …
   Dadurch, dass Steinmeier in seiner Rede vor allem Plausibilitätsargumente verwendet, …

> **Info Argumenttypen und ihre Funktionen**
>
> In politischen Reden können Rednerinnen und Redner **verschiedene Argumenttypen** verwenden, um die Zuhörenden von den eigenen Thesen zu überzeugen. Dabei können folgende Argumenttypen unterschieden werden:
> - **Faktenargumente** sind überprüfbare Tatsachen, etwa wissenschaftliche Erkenntnisse, Untersuchungen oder Befragungen (Statistiken, Zahlen usw.).
> - **Autoritätsargumente** beruhen auf Aussagen anerkannter Autoritäten oder Institutionen.
> - **Normative Argumente** beruhen auf allgemein akzeptierten Wertmaßstäben oder moralischen Normen.
> - **Analogisierende Argumente** beruhen auf dem Vergleich eines Sachverhalts mit einem ähnlichen.
> - **Indirekte Argumente** greifen die Positionen der Gegenseite auf und widerlegen deren Thesen.
> - **Plausibilitätsargumente** beziehen sich auf die eigenen Lebenserfahrungen, berufen sich auf den gesunden Menschenverstand oder weisen auf die Gewohnheit oder die Tradition hin.
>
> Durch die Verwendung von **Stützungen** können Redner die Wirkkraft ihrer Argumente stärken sowie einen Sachverhalt besonders anschaulich darstellen.

4.7 ANALYSE EINER POLITISCHEN REDE

3
a Markieren Sie weitere sprachlich-rhetorische Gestaltungsmittel, die Steinmeier in seiner Rede verwendet. Einige Gestaltungsmittel sind bereits gelb markiert. Nutzen Sie zur Unterstützung auch die Hinweise aus der Information.
b Analysieren Sie die sprachlich-rhetorischen Gestaltungsmittel und erläutern Sie deren Wirkungsabsicht. Übernehmen Sie hierzu die Tabelle in Ihr Kursheft.

Rhetorische Strategie (Wirkungsabsicht)	Sprachlich-rhetorisches Gestaltungsmittel	Textbeleg	Deutung
Kontrastierung	*Antithese*	*„Wahrheit" (Z. 13) und „Lügen" (Z. 66)*	*betont Wichtigkeit des Qualitätsjournalismus, Gefahren von Falschmeldungen*
Veranschaulichung	*Metapher*	*„Highways der Empörung" (Z. 48 f.)*	*betont die massenhafte Ausbreitung von Emotionen und Meinungen*
...			

4 Erklären Sie in Ihrem Kursheft, welchen Appell Steinmeier an seine Zuhörerschaft sendet.
Steinmeier möchte den Journalistinnen und Journalisten seinen Dank aussprechen und sie ...
Steinmeier fordert dazu auf, die Arbeit der Journalistinnen und Journalisten ...

5 Beurteilen Sie in Ihrem Kursheft, inwiefern es Steinmeier gelingt, seine Zuhörerinnen und Zuhörer zu erreichen.
Durch die Wertschätzung der Arbeit von Journalistinnen und Journalisten, die sich dem Qualitätsjournalismus verpflichtet fühlen, entspricht Steinmeier der Erwartungshaltung seines Publikums, das ...

Info — Rhetorische Strategien und sprachlich-rhetorische Gestaltungsmittel

Innerhalb politischer Reden wenden die Sprecherinnen und Sprecher verschiedene **rhetorische Strategien** an, wobei diese häufig mit **sprachlich-rhetorischen Mitteln** zusammenspielen.

Rhetorische Strategie (Wirkungsabsicht)	Sprachlich-rhetorische Gestaltungsmittel	Beispiele
Dramatisieren, emotionalisieren, polarisieren, kontrastieren (Extremsituationen suggerieren, Gegensätze/Gefahren aufzeigen)	**Antithese** (Gegenüberstellung gegensätzlicher Begriffe)	*Wahrheit – Lügen*
Veranschaulichen (komplexe Zusammenhänge einfach darstellen)	**sprachliche Bilder** (Metaphern, Vergleiche, Personifikationen)	*Highways der Empörung*
Gemeinschaftsgefühl wecken	**Anredepronomen**	*Sie, Ihnen*
persönliche Einbindung der Zuhörer/-innen	**Wir-Sätze**	*wir, uns*
Aufwertung der eigenen Position, Aufzeigen von gemeinsamen Werten	**Fahnenwörter** (positiv konnotierte „Hochwertwörter")	*Demokratie, Verantwortung*
Abwertung der Gegenposition, Aufzeigen von Bedrohlichem	**Stigmawörter** (negativ konnotierte Wörter)	*Shitstorm, Falschmeldungen*
Nachdruck zur Einprägung des Gesagten	**Wiederholungen, paralleler Satzbau** und **Aufzählungen**	*ist Vertrauen ..., ist Vertrauen ..., ist Vertrauen ...*

6 Führen Sie die Teilergebnisse aus den Aufgaben 1 bis 5 zusammen und analysieren Sie die Rede. Beachten Sie hierbei auch die Hinweise zum Zitieren auf der hinteren Umschlaginnenseite.

4.8 Klausurtraining: Materialgestütztes Verfassen argumentierender Texte

Aufgabenbeispiel

> An Ihrer Schule soll eine Projektwoche zum Thema „Politische Meinungsbildung im 21. Jahrhundert" stattfinden. Verfassen Sie einen Kommentar für ein Begleitheft zur Projektwoche, der sich an die Schüler-, Lehrer- und Elternschaft richtet.
>
> Setzen Sie sich in Ihrem Kommentar mit der Frage auseinander, ob Influencerinnen und Influencer eine Alternative zu den klassischen journalistischen Angeboten zur politischen Meinungsbildung darstellen.
> Nutzen Sie dazu die folgenden Materialien (M1–M5) und beziehen Sie Ihr Wissen über politisch-gesellschaftliche Kommunikation aus dem Unterricht mit ein. Formulieren Sie auch eine geeignete Überschrift.

M1 Ricarda Breyton: „Kuschelig mit allen" – Wohlfühlatmosphäre vor kritischer Distanz (2021)

Die Wohlfühlatmosphäre ist bei diesem Format Programm. Die beiden Influencerinnen Janine Klose (36) und Lara Urbaniak (31) ==wollen gar nicht erst harte Fragen stellen==. Sie stehen für eine ==neue Form politischer Information, die nach eigenem Anspruch vor allem zweierlei sein will: sachlich und fröhlich==.
Auf Instagram finden sie dafür die perfekte Plattform. Einst als Dienst vor allem für Beauty- und Fitnessblogger gestartet, tummeln sich dort noch immer vor allem Teenager und junge Erwachsene, die an erster Stelle unterhalten werden wollen. Kanäle wie „Insta.Politik" ==wollen dort Informationen liefern, garniert mit hübschen Bildern und Videos==. So verschwimmt die Grenze zwischen Journalismus und Politik-PR. Wer bestimmt eigentlich, welche Inhalte ausgestrahlt werden? Wie unabhängig sind die jungen Blogger? [...] Klose arbeitet für einen CDU-Abgeordneten, Urbaniak seit Kurzem für die Pressestelle der Parteizentrale. Beide behaupten aber, mit ihrem Kanal unabhängig zu sein. [...] Inzwischen hat der Kanal rund 13.000 Follower. Tendenz steigend. Mindestens einmal pro Woche stellen die Frauen Beiträge in ihren Kanal. Vor allem Erklärvideos: Was macht die Bundestagspolizei? Was ist ein Untersuchungsausschuss? Wie funktioniert die Fünf-Prozent-Hürde? Hinzu kommen Interviews mit Abgeordneten und Ministern. Zuweilen führen Urbaniak und Klose die Zuschauer durch den Reichstag. Und manchmal tanzen sie. Gute Laune eben. „Junge Menschen informieren sich überwiegend auf Social Media und schauen eher selten Talkshows", erklärt Klose den Ansatz. Auf „Insta.Politik" wollten sie politische Prozesse und Begriffe für alle leicht verständlich erklären. Sie wollten „Grundwissen zur Politik" liefern, „damit sich auf dieser Basis jeder eine Meinung bilden kann und dadurch vielleicht auch die Nachrichten besser versteht".
Die beiden Frauen sind nicht die einzigen Politikerklärer in den sozialen Medien: Da ist zum Beispiel [...] die Autorin Louisa Dellert, die als Fitnessexpertin startete, inzwischen aber auch viele Politiker interviewt, etwa zum Thema Nachhaltigkeit. Viele fühlen sich weder als Parteipolitiker noch als Journalisten, sie ==erzählen einfach, wie sie Politik erleben==. Das macht die Angebote vergleichsweise authentisch – eine wichtige Währung, um eine junge Zielgruppe zu erreichen.
Wenn sie [...] Abgeordnete treffen, werden Fragen vorher den Büros übermittelt. „Wir haben uns entschieden: Wir sind kuschelig mit allen", sagte Urbaniak vor Kurzem in einem Podcast dazu. In wenigen Fällen seien Fragen auch geändert worden. Die Interviewten haben die Videoformate also mit in der Hand. Unabhängigkeit ist so kaum möglich. Wie reizvoll das ist, erkennen offenbar immer mehr Politiker. Inzwischen stapelten sich die Anfragen von jenen, die auch mal drankommen wollen, berichten die Frauen. Nach dem Beschluss des Teil-Lockdowns im November war etwa Gesundheitsminister Jens Spahn (CDU) bei „Insta.Politik" zu Gast. Dabei zeigte sich, wie leicht sich das Format für Werbung in eigener Sache nutzen lässt. Es sei zum zweiten Mal gelungen, die Welle „zu brechen", sagte Spahn. „Wir wissen, wie es geht." [...] Kein Wort zu den Klagen aus der Wirtschaft. Oder zu der Tatsache, dass die hohen Infektionszahlen damals langsamer als beim ersten Lockdown sanken. Wer nur auf dieses Video klickt, muss das Gefühl haben: Alles läuft bestens.
Generell würden auf Instagram Themen „häufig sehr verkürzt dargestellt, auch bei Medienanbietern", sagt Anna Sophie Kümpel, die an der Technischen Universität Dresden eine Juniorprofessur für Digitale Medien innehat. „Wenn man ein komplexes politisches Thema auf eine Zitat-Kachel packen will, muss man es natürlich herunterbrechen." Dabei gingen Kontextinformationen verloren.
Auch bestehe die Gefahr, dass die Grenze zwischen Öffentlichkeitsarbeit und Journalismus aus Sicht der Nutzer verschwimme. Viele scrollten „nebenher, eher unbewusst" durch Instagram – „mit der Aufmerksamkeit stärker auf dem Post als auf dem Urheber".
Am Ende wisse man zwar noch, dass man ein Thema „bei Instagram gesehen hat", aber erinnere sich eventuell nicht mehr an den Absender und somit nicht an die Intention. Ein Problem, das noch größer wird, wenn aussagekräftige Angaben im Impressum fehlen. [...] Damit bleibt unklar, in welcher Rolle die Person ihren Kanal betreibt.
Die Kommunikationswissenschaftlerin Amelie Duckwitz von der Technischen Hochschule Köln sieht politische Informationsangebote auch von Influencern zwar

grundsätzlich positiv. „Es ist wichtig, auch junge Menschen mit politischen Themen zu erreichen, die gerade relevant sind. Nur so kann man eine demokratische Öffentlichkeit erhalten." Die Algorithmen förderten aber die Bildung sozialer Blasen: „Die Gefahr besteht, dass Leute nur das wahrnehmen, was sie ohnehin für ihre Meinung halten." [...]

M2

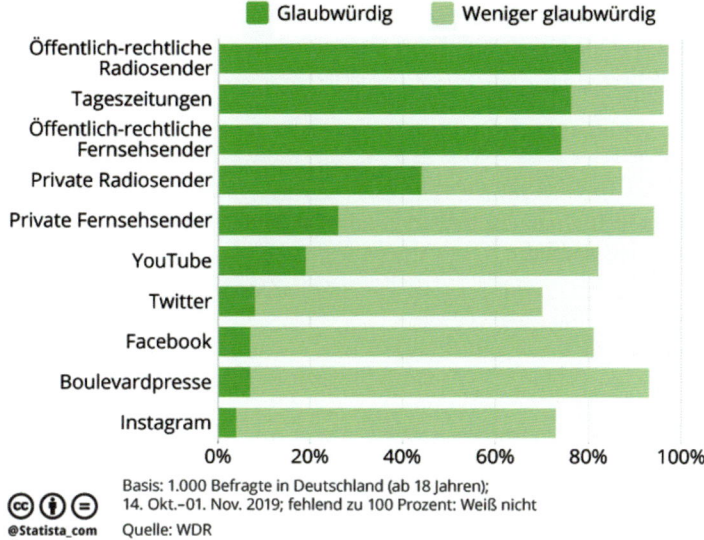

Welchen Medien die Deutschen vertrauen
Anteil der Befragten, die folgende Medien für (nicht) glaubwürdig halten

Basis: 1.000 Befragte in Deutschland (ab 18 Jahren); 14. Okt.–01. Nov. 2019; fehlend zu 100 Prozent: Weiß nicht
Quelle: WDR

M3 Amelie Duckwitz: **Meinungsführer Influencer?** (2019)

[...] **Was macht Influencer aus?**
Duckwitz: Influencer sind Menschen, die in der Lage sind, andere durch ihre selbsterstellten Inhalte vor allem auf den Social Media Kanälen zu erreichen und mutmaßlich zu beeinflussen. In der Tradition der Medienwirkungsforschung kann man sie als „digitale Meinungsführer" bezeichnen. [...] In ihrer begrenzten Zielgruppe verfügen sie über eine sehr hohe Glaubwürdigkeit. Davon abgegrenzt werden Menschen, die Meinungen im Rahmen ihres Berufes verbreiten – Journalistinnen, PR-Experten oder Politikerinnen. [...]
Das Video von Rezo hat gezeigt, dass Influencer neben Lifestyle oder Gaming auch politische Themen behandeln und dafür mit großer Reichweite belohnt werden. Klassische Medien und Politik haben sich damit sehr schwergetan. Warum?
Duckwitz: Das Phänomen ist lange Zeit einfach ignoriert worden. Wie viele Jugendliche und junge Menschen Influencer konsumieren, ist an den Erwachsenen und auch an den professionell Kommunizierenden vorbeigegangen. Vielleicht weil es eine gewisse Hemmschwelle gibt: In YouTube-Videos herrschen schnelle Schnitte, ungewohnte Soundeffekte und ein für Erwachsene seltsamer Humor. Aber es wurde auch mit einer gewissen Arroganz betrachtet. Dann ist der Schrecken natürlich groß, wenn so ein Video nach wenigen Tagen zwei Millionen Mal angeschaut wird. Denn das ist eine enorme Reichweite, die politische Inhalte sonst nur schwer generieren.
Was wäre denn ein guter Weg, mit Influencern umzugehen?
Duckwitz: Erstmal: Das Ganze nicht als Neuland betrachten, sondern akzeptieren, dass Videos für viele junge Menschen ein ganz wichtiger und alltäglicher Kommunikationsweg sind. Anschließend muss man sich mit den Videos auseinandersetzen und nicht nur auf Followerzahlen schauen. Denn es gibt zwar nur wenige Influencer, die sich ausschließlich mit Politik beschäftigen, aber viele setzen sich in ihren Beiträgen mit politischen oder gesellschaftlich relevanten Themen auseinander. Diese Influencer sollte man als Dialogpartnerinnen und -partner auf Augenhöhe akzeptieren. Oder man lässt sich von ihnen einen Tag lang begleiten. Das stellt Authentizität und Nähe her und würde zeigen, was die Politik den ganzen Tag macht. [...]
Was interessiert die Forschung am Phänomen Influencer?
Duckwitz: [...] Die Frage, wie weit der Einfluss von Influencern reicht, ist noch offen. Im Marketing hat man bereits festgestellt, dass sie einen Kaufimpuls wecken können und dass Video-Konsumenten Produkte gekauft haben, die Influencer empfohlen haben. Eine kurzfristige Wirkung haben sie demnach. Die Forschung weiß aber noch nicht, ob ihnen auch eine langfristige Verhaltens- oder Einstellungsänderung gelingt. Im Marketing wäre das beispielsweise eine Verbesserung des Marken-Images und in der politischen Kommunikation eine dauerhafte Veränderung der politischen Haltung oder des politischen Interesses.

M4 Alfred-Joachim Hermanni: **Unterschiede zwischen Influencern und Journalisten** (2019)

- Influencer verfügen in der Regel über keine journalistische Ausbildung, während Journalisten bspw. an einer [...] Journalistenschule [...] weitergebildet und qualifiziert werden.
- Influencer [...] fokussieren sich auf die Social-Media-Kanäle wie Instagram [...] im Internet. Journalisten hingegen arbeiten on- und offline für unterschiedliche Medien und klassisch organisierte Angebote.
- Influencer [...] verfolgen oftmals die Interessen eines oder mehrerer Unternehmen. Journalisten dagegen nehmen ihre publizistische Aufgabe nach bestem Wissen und Gewissen – unbeeinflusst von fremden Interessen und sachfremden Beweggründen – wahr; die Trennung von redaktionellen und werblichen Inhalten wird beachtet. [...]
- Influencer konzentrieren sich zumeist auf ein Themen- und Expertenspektrum, während Journalisten Lebensrealitäten aus unterschiedlichen Perspektiven aufzeigen und vielfältige Meinungen von Menschen darstellen.
- Influencer vertreten ihre eigene Meinung [...]; hinter Journalisten stehen keine Sponsoren und sie recherchieren in der Regel gründlich, bevor sie ihre Beiträge veröffentlichen.

M5

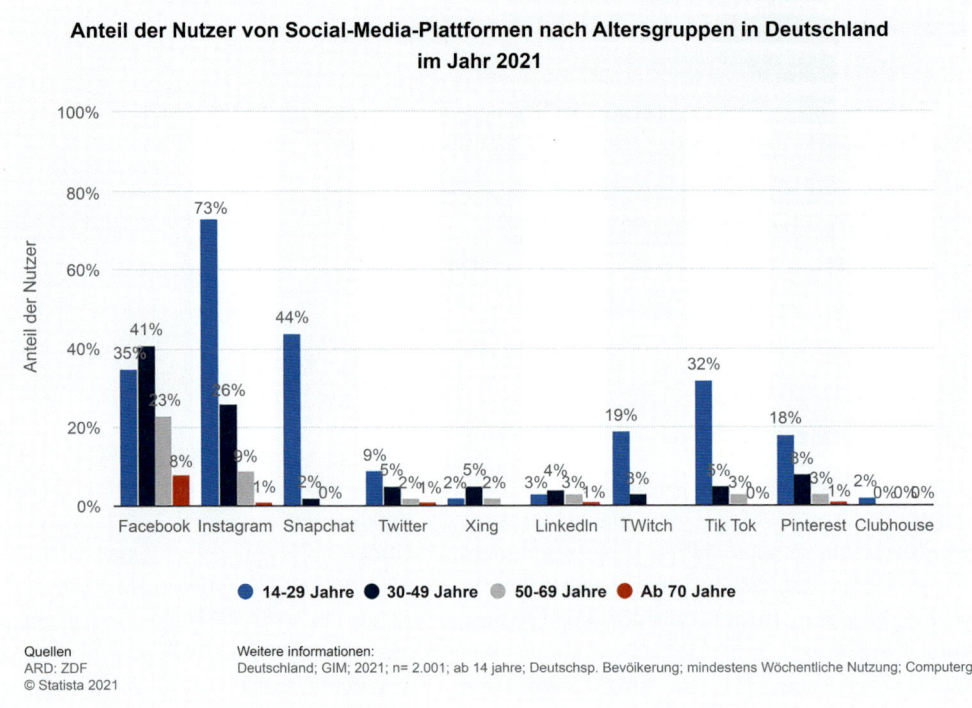

Erster Schritt: Die Aufgabenstellung verstehen

1 a Klären Sie in Ihrem Kursheft, was genau die Aufgabenstellung von Ihnen verlangt. Halten Sie alle relevanten Informationen fest: Thema des Textes, Anlass/Ziel, Textsorte, Adressaten, inhaltliche Aspekte.

b Unterstreichen Sie Eigenschaften, die zur Textsorte Kommentar passen.

wertend • informierend • neutral • meinungsbetonend • objektiv

Zweiter Schritt: Erstes Textverständnis und Ideen formulieren

2 a Verschaffen Sie sich einen ersten Überblick über die Materialien 1 bis 5, indem Sie die Überschriften lesen, die Texte überfliegen und die Diagramme anschauen.

b Notieren Sie in Ihrem Kursheft, in welchen Materialien Sie vermutlich Informationen und Argumente zu den folgenden Aspekten erhalten:
Art und Weise der Bereitstellung politischer Inhalte durch Influencer: ...
Argumente für und gegen die Meinungsbildung durch Influencer: ...

3 Greifen Sie auf Ihr Vorwissen aus dem Unterricht zurück und fassen Sie in Ihrem Kursheft zusammen, welche Funktion die Medien innerhalb der politischen Meinungsbildung einnehmen. Benennen Sie verschiedene Formate, z. B. die Polit-Talkshow, die für die Meinungsbildung relevant sein können. Gehen Sie dabei jeweils auf die Besonderheiten des Formats im Hinblick auf die politische Meinungsbildung ein.

Dritter Schritt: Die Materialien gezielt lesen und Argumente zusammentragen

4 a Lesen Sie den Text M1 und das Interview M3 gezielt und markieren Sie relevante Aspekte farbig. Erklären Sie stichpunktartig mit Hilfe Ihrer eigenen und der bereits vorgenommenen gelben Markierungen, wie Influencerinnen und Influencer politische Themen in sozialen Medien bereitstellen. Schreiben Sie in Ihr Kursheft.
wollen keine harten Fragen stellen, sondern sachlich und fröhlich informieren ...

b Erläutern Sie anhand des Materials 1 und unter Einbezug Ihrer Kenntnisse aus dem Unterricht, inwiefern Politikerinnen und Politiker die Nachrichtenvermittlung über Influencer für sich nutzen. Welche Konsequenzen entstehen dadurch für die Meinungsbildung der Öffentlichkeit? Schreiben Sie in Ihr Kursheft.

c Untersuchen Sie die Texte (M1, M3, M4) im Hinblick auf Argumente für oder gegen die These, dass Influencer eine Alternative zu den klassischen journalistischen Angeboten für die politische Meinungsbildung darstellen. Ergänzen Sie hierzu die Tabelle unter Angabe der Quelle in Ihrem Kursheft.

Pro Meinungsbildung über Influencer	Kontra Meinungsbildung über Influencer
→ *Grundwissen zur Politik erhalten (M1)*	→ *Grenze zwischen Öffentlichkeitsarbeit und Journalismus verschwimmt (M1)*
...	

d Beurteilen Sie in Ihrem Kursheft die einzelnen Aussagen zum Unterschied zwischen Influencern und Journalisten in Material M4. Inwiefern sind diese auch kritisch zu bewerten?
Nicht immer haben Journalisten eine offizielle Ausbildung oder ... Zudem hält sich nicht jeder Journalist an ...

5 a Werten Sie die Diagramme (M2 und M5) aus (▶ Methode) und vervollständigen Sie anschließend die folgenden Sätze:

Das Diagramm M2 informiert darüber, welche Medien _____ . Hierbei werden

neben der Glaubwürdigkeit auch _____ . Dabei fällt

auf, dass ca. _____ % der Befragten angeben, besonders _____ und

_____ für glaubwürdig zu halten. Weit abgeschlagen mit fast unter _____ % sind

hingegen _____ .

Schaut man sich im Diagramm M5 an, wie alt die Konsumenten der Social-Media-Plattformen Instagram, Snapshot

und Tiktok sind, _____ .

b Formulieren Sie in Ihrem Kursheft ein kurzes Fazit, indem Sie aus der Auswertung der Diagramme Rückschlüsse für die Aufgabenstellung ziehen.

> **Methode** Diagramme auswerten
>
> Die folgenden **Leitfragen** helfen Ihnen, Diagramme systematisch auszuwerten:
> - Zu welchem **Thema** trifft das Diagramm Aussagen?
> - Wurde eine bestimmte **Personengruppe** befragt? Wie hoch ist die **Anzahl der Befragten**?
> - Wurde eine bestimmte **Zeitspanne** oder der Zustand zu einem bestimmten **Zeitpunkt** untersucht?
> - Handelt es sich um **absolute Zahlen** oder um **Prozentangaben**?
> - Werden in einer **Legende** Farben oder Symbole erklärt? Wenn ja, was bedeuten sie?
> - Gibt es einen **Begleittext,** der z. B. die Erhebungsmethoden erläutert?
> - Wird eine **Quelle** angegeben?
> - Wie lassen sich die **Kernaussagen** zusammenfassen (z. B. nach einem Vergleich der Werte)?

Vierter Schritt: Den Schreibplan erstellen und schreiben

6 Erstellen Sie in Ihrem Kursheft eine Gliederung Ihres Textes.
  a   Überlegen Sie sich einen neugierig machenden Aufhänger / eine These / eine Frage für die Einleitung.

  b   Entwerfen Sie in Ihrem Kursheft eine Grobstruktur für den Hauptteil.
       Sie können sich an folgenden Vorschlägen orientieren:

> Funktion der Medien hinsichtlich der politischen Meinungsbildung in der Öffentlichkeit • Benennung verschiedener Formate und Bedeutung im Hinblick auf die Meinungsbildung • Art und Weise der Bereitstellung politischer Informationen in sozialen Netzwerken durch Influencer • Pro- und Kontra-Argumente zur politischen Meinungsbildung durch Influencer in sozialen Medien

  c   Notieren Sie in Ihrem Kursheft Ideen für ein Fazit, z. B. eine persönliche Stellungnahme zur politischen Meinungsbildung durch Influencer in sozialen Netzwerken.

7 Verfassen Sie den Kommentar auf der Grundlage Ihrer Gliederung. Nutzen Sie hierzu auch das „Kohärenzrad" auf der hinteren Umschlaginnenseite.

8 Formulieren Sie eine passende **Überschrift** für Ihren Kommentar.

Fünfter Schritt: Den eigenen Text überarbeiten

9 Prüfen Sie Ihren Kommentar mit Hilfe der folgenden **Checkliste**. Überarbeiten Sie ihn gegebenenfalls.

> **Checkliste** Materialgestütztes Verfassen argumentierender Texte
>
> - Haben Sie alle **relevanten Informationen** zum Thema aufgenommen, korrekt wiedergegeben und Überflüssiges weggelassen?
> - Haben Sie **zusätzliches Wissen** aus dem Unterricht ergänzt?
> - Weist der Text eine klare **gedankliche Struktur** auf?
> - Hat der Text eine informative **Überschrift**?
> - Gliedert sich der Text klar in **Einleitung, Hauptteil** und **Schluss**?
> - Weist der Text zu Beginn die eigene **Meinung** auf?
> - Enthält der Text die verschiedenen **Argumente,** die für den Kommentar relevant sind?
> - Hat der Text ein geeignetes **Fazit,** das den eigenen Standpunkt zusammenfasst?
> - Weist der Text typische **Merkmale eines Kommentars** auf, z. B. wertende Argumente?
> - Ist der Text für die Leserinnen und Leser **verständlich?**
> - Werden die Informationsquellen kurz vorgestellt und **korrekt zitiert** bzw. **paraphrasiert?**
> - Ist der Text **sprachlich richtig** (Rechtschreibung, Grammatik, Zeichensetzung)?

10 Notieren Sie in Ihrem Kursheft Aspekte, auf die Sie bei Ihrem nächsten argumentierenden Text achten wollen.

Autoren- und Quellenverzeichnis

S. 4, 12, 17 Georg Büchner: Woyzeck. Cornelsen Verlag, Berlin 2013 **S. 8** Udo Pollmer: Im Erbsenwahn. Deutschlandfunk Kultur, 26.10.2013 **S. 11** Feng Weiping: Märchen und mehr. In: Literaturstraße. Band 18, Nr. 2. Universitätsbibliothek Heidelberg 2017 **S. 15** Gebrüder Grimm: Die Sterntaler. In: Dies.: Kinder- und Hausmärchen, Band 2. Berlin 1819, S. 276 f. **S. 16** Psychische Störungen und die Schuldfähigkeit im Strafrecht. In: Lausitzer Rundschau, 08.01.2016 **S. 19** Martin Halter: Ulrich Rasche inszeniert „Woyzeck" am Basler Schauspielhaus. In: Badische Zeitung, 18.09.2017 **S. 20, 21** Georg Büchner: Briefe. In: Ders.: Werke und Briefe. Insel Verlag, Frankfurt/M. 1962 **S. 21** Friedrich Schiller: Idealisierung als Aufgabe des Dichters. In: Ders.: Werke und Briefe in zwölf Bänden. Deutscher Klassiker Verlag, Frankfurt/M. 1992–2002 **S. 23 f.** Johann Wolfgang Goethe: Faust. Der Tragödie erster Teil. Cornelsen Verlag, Berlin 2013 **S. 24** Franziska Schößler: Einführung in das bürgerliche Trauerspiel und das soziale Drama. Wissenschaftliche Buchgesellschaft, Darmstadt 2003 **S. 25** Annette Graczyk: Mobilität durch Eros – Maries Ausbruchsversuch. In: Georg Büchner Jahrbuch. Band 11. Max Niemeyer Verlag, Tübingen 2009, S. 101 f. **S. 34, 38 f., 41 f., 44, 49, 54, 57** Arno Geiger: Unter der Drachenwand. dtv, München 2018 (Lizenz des Carl Hanser Verlags) **S. 38, 43** dtv Material für Lesekreise mit einem Exklusivinterview mit Arno Geiger. dtv, München 2019 **S. 47** Edith Stampe: Kinderlandverschickung. In: https://www.dhm.de/lemo/zeitzeugen/edith-stampe-kinderlandverschickung (Zugriff: 04.05.2020) **S. 55** Georg Lukács: Der alte Fontane. In: Ders.: Werke. Bd. 7. Luchterhand, Neuwied u. Berlin 1964, S. 494f. **S. 56** Theodor Fontane: Effi Briest. Cornelsen Literathek, Berlin 2012, S. 291 **S. 61** Angelus Silesius: Die Geistliche Schifffahrt. In: Gedichte des Barock. Reclam, Stuttgart 1993, S. 68; Johann Wolfgang von Goethe: Wanderlied. In: Ders.: Werke. Bd. 1: Gedichte. Insel Verlag, Frankfurt/M. 1981; Gottfried Benn: Reisen. In: Ders.: Sämtliche Gedichte. Klett-Cotta, Stuttgart 1998 **S. 61, 72** Joseph von Eichendorff: Der frohe Wandersmann. In: Ders.: Werke in sechs Bänden. Bd. 1: Gedichte. Versepen. Hrsg. v. Hartwig Schulz. Deutscher Klassiker Verlag, Frankfurt/M. 1987 **S. 61, 80** Max Hermann-Neiße: Heimatlos. In: Ders.: Gesammelte Werke. Hrsg. v. Klaus Völker. Zweitausendeins, Frankfurt/M. 1986 **S. 61, 82** Hermann Hesse: Stufen. In: Ders.: Sämtliche Werke. Bd. 10. Die Gedichte. Suhrkamp, Berlin 2002, S. 366 **S. 61, 87** Cro: Einmal um die Welt. Text: Carlo Waibel, Edition Affen Publishing/Universal Music Publishing GmbH, Berlin; GHvC Musikverlag GBR bei Future World Publishing, Hamburg **S. 62** Joseph von Eichendorff: Frische Fahrt. In: Ders.: Werke. Bd. 1. Winkler, München 1970 f., S. 47; Kurt Tucholsky: Luftveränderung. In: Ders.: Gedichte in einem Band. Insel, Frankfurt/M., Leipzig 2006, S. 542; Sarah Kirsch: Fluchtpunkt. In: Dies.: Erdreich. Deutsche Verlags-Anstalt, Stuttgart 1982, S. 28; Norbert Göttler: Brücken von Venedig. In: Das Gedicht. Bd. 21. 2013, S. 55 **S. 64** Andreas Gryphius: Betrachtung der Zeit. In: Ders.: Gedichte. Reclam, Stuttgart 1968. S. 106; Martin Opitz: Lied. In: Ders.: Gedichte. Reclam, Stuttgart 1970, S. 30 **S. 65** Andreas Gryphius: An die Welt. In: Ders.: Gedichte. Reclam, Stuttgart 1968, S. 9 f. **S. 67** Johann Peter Uz: Versuch über die Kunst, stets fröhlich zu sein. In: Ders.: Sämtliche poetische Werke. Stuttgart 1890 (Reprint: Nendeln/Liechtenstein 1968), S. 231 f. **S. 68** Johann Wolfgang von Goethe: Pilgers Morgenlied. In: Ders.: Werke. Bd. 1. Insel Verlag, Frankfurt/M. 1981, S. 46 **S. 69** Johann Wolfgang von Goethe: Dauer im Wechsel. In: Ebd., S. 217 f. **S. 70** Friedrich Schiller: Der Pilgrim. In: Ders.: Sämtliche Werke. Bd. 1. Hanser, München 1987, S. 412 f. **S. 71** Gotthold Ephraim Lessing: Die Neugier eines ehrlichen Mannes. In: Ders.: Briefe und Werke. Band 8 und 9, Deutscher Klassiker Verlag, Berlin 2003; Johann Wolfgang von Goethe: Ich bin nun ganz eingeschifft. In: Goethes Briefe und Briefe an Goethe. Hamburger Ausgabe. C. H. Beck, München 1988; Gotthold Ephraim Lessing: Der Langsamste, der sein Ziel nur nicht aus den Augen verliert. In: Ders.: Hamburgische Dramaturgie. Reclam Verlag, Ditzingen 1999; Friedrich Schiller: Immer strebe zum Ganzen. In: Ders.: Sämtliche Werke. Band 1. München 1962, S. 305. **S. 74** Wilhelm Müller: Der Wegweiser. In: Ders.: Werke. Tagebücher. Briefe. Bd. 1. Gatza, Berlin 1994, S. 180; Paul Celan: Der unbegangene Weg. In: Ders.: Gesammelte Werke in fünf Bänden, Band 5. Klett-Cotta, Stuttgart 1998, S. 405 **S. 75** Heinrich Heine: Jetzt wohin? In: Ders.: Werke und Briefe in zehn Bänden. Bd. 2. Aufbau Verlag, Berlin und Weimar 1972, S. 104–105; Theodor Fontane: Unterwegs und wieder daheim. In: Ders.: Gedichte. Große Brandenburger Ausgabe. Aufbau Verlag, Berlin 1955, S. 20–22 **S. 76** Rainer Maria Rilke: Das Karussell. In: Ders.: Die Gedichte. Insel, Frankfurt/M. 1986, S. 476 f. **S. 77** Gottfried Benn: D-Zug. In: Ders.: Sämtliche Gedichte. Klett-Cotta, Stuttgart 1998, S. 24 **S. 79** Paul Boldt: In der Welt. In: Ders.: Junge Pferde! Junge Pferde! Walter Verlag, Olten, Freiburg i. Br. 1979, S. 55 **S. 81** Issam Al-Najm: Die Grenze der Angst. In: Von Fluchten und Wiederfluchten. Geest Verlag, Vechta Langförden 2017, S. 413 f. **S. 83** Bertolt Brecht: Der Radwechsel. In: Ders.: Gesammelte Gedichte. Bd. 3. edition suhrkamp, Frankfurt/M. 1967, S. 1009; Jan Wagner: Hamburg – Berlin. In: Probebohrung im Himmel. Gedichte. Berlin Verlag, Berlin 2001, S. 49 **S. 84** Jürg Halter: Der Herbst liegt im Briefumschlag. Aus: Ders.: Ich habe die Welt berührt. Ammann Verlag, Zürich 2005 **S. 85** Annerose Kirchner: Zwischen den Ufern. In: Von einem Land und vom anderen. Suhrkamp, Frankfurt/M. 1993, S. 31; Hans Magnus Enzensberger: Aufbruchsstimmung. In: ebenda, S. 38 **S. 86** Matthias Politycki: Rote Berge, weiße Wüste, egal. In: Das Gedicht. Bd. 21. 2013, S. 21 **S. 87** Durs Grünbein: Unbekümmert, anderntags, Verse. In: Ders.: Liebesgedichte. Suhrkamp, Frankfurt/M., Leipzig 2008, S. 37 f. **S. 88** Thomas Kraft: Es geht nicht um die Erkundung exotischer Regionen. In: Ders.: 13 Thesen zur Gegenwartsliteratur. In: Deutschmagazin. Heft 1/2008, S. 8 **S. 89** Clemens Brentano: In der Fremde. In: Ders.: Gesammelte Werke. Bd. 1. Frankfurter Verlags-Anstalt, Frankfurt/M. 1923, S. 122; Hilde Domin: Mit leichtem Gepäck. In: Rückkehr der Schiffe. S. Fischer, Frankfurt/M. 1962, S. 49 **S. 93** Christian Lindner: Tweet vom 10.03.2019. In: https://www.reneschneider.de/wp-content/uploads/2019/03/Bildschirmfoto-2019-03-14-um-08.14.24.png (Zugriff: 18.03.2022) **S. 94** Die Macht der Wörter – Wie Debatten unsere Welt verändern. In: https://www.die-debatte.org/debattenkultur-livedebatte (Zugriff: 18.03.2022); Simon Urban: Ein Volk der Beleidigten. In: https://www.zeit.de/kultur/2016-07/deutschland-beleidigtsein-debattenkultur-empfindlichkeit-polemik/komplettansicht (Zugriff: 18.03.2022) **S. 96** Rezo: Die Zerstörung der CDU (Auszug). In: https://www.youtube.com/watch?v=4Y1lZQsyuSQ (Zugriff: 18.03.2022); Martin Kessler: Wo Youtuber Rezo recht hat – und wo nicht. In: https://rp-online.de/politik/deutschland/ein-fakten-check-wo-der-youtuber-rezo-recht-hat-und-wo-nicht_aid-38994453 (Zugriff: 18.03.2022) **S. 97** Peter Müller: Sind Politiker Schauspieler? In: https://lehrerfortbildung-bw.de/u_gewi/gk/bs/weiteres/m1/zitate (Zugriff: 18.03.2022); Ulrich Sollmann: Wie man Authentizität inszeniert. In: https://www.politik-kommunikation.de/politik/wie-man-authentizitaet-inszeniert (Zugriff: 18.03.2022) **S. 98** Thymian Bussemer: Beziehungsstörungen. In: https://www.politik-kommunikation.de/medien/beziehungsstoerungen (Zugriff: 18.03.2022) **S. 99** Olaf Scholz: Tweet vom 24.09.2021. In: https://twitter.com/olafscholz/status/1175342660279840768 (Zugriff: 18.03.2022); Markus Feldenkirchen, Veit Medick: Politischer Burn-Out. In: https://www.spiegel.de/politik/deutschland/bundestagswahl-und-twitter-wie-sozialen-medien-den-deutschen-wahlkampf-vergiften-a-8cfd5153-3262-4a27-ad16-31e540c3b42e (Zugriff: 18.03.2022) **S. 100** Karl Lauterbach: Tweet vom 24.09.2021. In: https://twitter.com/karl_lauterbach/status/1360899305155014656 (Zugriff: 18.03.2022) **S. 101** Martin Schulte: Warum die totgesagten Politik-Talkshows noch immer leben. In: https://www.svz.de/deutschland-welt/politik/Politik-Talkshows-Von-Lanz-bis-Illner-ein-Ueberblick-id33336152.html (Zugriff: 18.03.2022) **S. 102** Andreas Elter: Alles nur noch Unterhaltung? Goethe-Institut e. V., Internet-Redaktion, Februar 2012. In: https://www.goethe.de/de/m/kul/med/20367538.html (Zugriff: 18.03.2022) **S. 103 f.** Frank-Walter Steinmeier: Rede zur Verleihung des Theodor-Wolff-Preises. In: https://www.bundespraesident.de/SharedDocs/Reden/DE/Frank-Walter-Steinmeier/Reden/2021/06/210609-Theodor-Wolff-Preis.html (Zugriff: 18.03.2022) **S. 106 f.** Ricarda Breyton: „Kuschelig mit allen" – Wohlfühlatmosphäre vor kritischer Distanz. In: https://www.welt.de/politik/deutschland/article228325103/Politik-auf-Instagram-Wohlfuehlatmosphaere-vor-kritischer-Distanz.html (Zugriff: 18.03.2022) **S. 107** Amelie Duckwitz: Meinungsführer Influencer? In: https://www.th-koeln.de/hochschule/meinungsbildung-durch-influencer_69879.php (Zugriff: 18.03.2022) **S. 108** Alfred-Joachim Hermanni: Unterschiede zwischen Influencern und Journalisten. In: https://pr-journal.de/nachrichten/medien/22441-journalismus-vs-influencer-welche-gruppe-der-meinungsfuehrer-ist-staerker.html (Zugriff: 18.03.2022)

Bildquellenverzeichnis

S. 3 o.r.: Andreas Eikenroth: „Woyzeck", Graphic Novel, Edition 52, 2019 **S. 4 m.:** Barbara Braun/drama-berlin.de **S. 10 u.r.:** Andreas Eikenroth: „Woyzeck", Graphic Novel, Edition 52, 2019 **S. 14 o.r.:** akg-images **S. 19 o.r.:** Sandra Then-Friedrich **S. 38 o.r.:** Bridgeman Images **S. 53 o.:** dpa Picture-Alliance/imageBROKER **S. 72 o.r.:** akg-images **S. 80 o.r.:** stock.adobe.com/Jonathan Stutz **S. 93 o.l.** (Demonstration): Shutterstock.com/Timeckert, **o.r.** (Steinmeier): dpa Picture-Alliance/Monika Skolimowska; **m.r.:** Deutscher Bundestag/Achim Melde; **u.l.** (Interview): Shutterstock.com/Frame Stock Footage; **u.r.** (Rezo): dpa Picture-Alliance/Henning Kaiser **S. 94 o.r.:** Cornelsen/Jörg Peter **S. 96 o.:** dpa Picture-Alliance/Henning Kaiser **S. 98 u.r.:** Imago Stock & People GmbH/FlorianxGaertner/photothek.dex **S. 101 o.r.:** dpa Picture-Alliance/SZ Photo/Süddeutsche Zeitung Photo/Metodi Popow **S. 107, 108** (Grafiken): Statista

IMPRESSUM

Redaktion: Sarah Geisel, Jörg Ratz, Verena Walter

Umschlaggestaltung: Studio SYBERG, Berlin (Foto: stock.adobe.com/Gina Sanders)

Layout und technische Umsetzung: Straive, Chennai

www.cornelsen.de

Die Webseiten Dritter, deren Internetadressen in diesem Lehrwerk angegeben sind, wurden vor Drucklegung sorgfältig geprüft. Der Verlag übernimmt keine Gewähr für die Aktualität und den Inhalt dieser Seiten oder solcher, die mit ihnen verlinkt sind.

Dieses Werk berücksichtigt die Regeln der reformierten Rechtschreibung und Zeichensetzung.

Bei den mit [R] gekennzeichneten Texten haben die Rechteinhaber einer Anpassung widersprochen.

1. Auflage, 1. Druck 2022

Alle Drucke dieser Auflage sind inhaltlich unverändert und können im Unterricht nebeneinander verwendet werden.

© 2022 Cornelsen Verlag GmbH, Berlin

Das Werk und seine Teile sind urheberrechtlich geschützt.

Jede Nutzung in anderen als den gesetzlich zugelassenen Fällen bedarf der vorherigen schriftlichen Einwilligung des Verlages. Hinweis zu §§ 60a, 60b UrhG: Weder das Werk noch seine Teile dürfen ohne eine solche Einwilligung an Schulen oder in Unterrichts- und Lehrmedien (§ 60b Abs. 3 UrhG) vervielfältigt, insbesondere kopiert oder eingescannt, verbreitet oder in ein Netzwerk eingestellt oder sonst öffentlich zugänglich gemacht oder wiedergegeben werden. Dies gilt auch für Intranets von Schulen.

Druck: Athesiadruck GmbH

ISBN 978-3-06-200325-7

PEFC zertifiziert
Dieses Produkt stammt aus nachhaltig bewirtschafteten Wäldern und kontrollierten Quellen.
www.pefc.de